Erwin Huxhold

Die Fachwerkhäuser im Kraichgau

Ein Führer zu den Baudenkmälern

Herausgegeben vom
Heimatverein Kraichgau e. V. Sinsheim
Sonderdruck Nr. 5

Fotos und Zeichnungen vom Autor

© 1990   Herausgeber Heimatverein Kraichgau e. V. Sinsheim, Sonderdruck Nr. 5

Nachdruck nur mit Genehmigung des Herausgebers

Gesamtherstellung: Esser Druck GmbH, Bretten

ISBN 3-921214-00-9

Inhalt

Vorwort	5
Übersichtskarte	7
Übersicht	9
Die Entwicklung der Fachwerkhäuser im Kraichgau	13
Die Fachwerkhäuser im Kraichgau	16
Zusammenstellung und Erläuterung der Konstruktionen, Zierformen und Fachausdrücke	
Die Konstruktion des Daches	266
Die Balkenlagen	268
Fachausdrücke	269
Fachwerkfahrten im Kraichgau	278
Verzeichnis der Häuser	282
Literatur	285

Vorwort

Dieses Buch wäre nicht entstanden ohne meine Frau Barbara. Ihr ist diese Arbeit gewidmet. In zahlreichen Gesprächen und auf vielen Fahrten durch den Kraichgau wurden Notwendigkeit, Sinn, Aussage, Aufbau und Gliederung, Umfang, Fotos und Zeichnungen diskutiert.

Dieses Buch soll den interessierten Bürger ansprechen und kein Fachwissen voraussetzen. Das Fachwerk als Holzbau, die Bezeichnungen der Konstruktionen und der einzelnen Hölzer, die Entwicklung seit dem Mittelalter werden vorgestellt. Das Buch soll ein Führer zu den Baudenkmälern sein. Die Fachwerkhäuser werden nicht dem Alter entsprechend aufgeführt, sondern als Bauten der einzelnen Städte und Dörfer zusammengestellt besprochen. Einige Fahrten durch den Kraichgau werden als geeignete Routen vorgeschlagen. Bei dem Buchumfang ist die Beschränkung auf die Auswahl der Orte und die dort erwähnenswerten Häuser schwer gefallen. Nicht alles Sehenswerte kann gezeigt werden. Allein die wünschenswerte Würdigung von Eppingen müßte weitere Seiten füllen.

Die zahlreichen Fotos und Zeichnungen mit dem erläuternden Text ermöglichen schon zu Hause und vor Ort, sich mit diesen Baudenkmälern zu befassen.

Meine vor zehn Jahren erschienene wissenschaftliche Arbeit „Das Bürgerhaus zwischen Schwarzwald und Odenwald" (Verlag Wasmuth Tübingen 1980) wird nicht wiederholt. Aktuell werden nur Fachwerkhäuser berücksichtigt, die noch erhalten sind, die in den letzten Jahren z. T. saniert, oder vom bisherigen Verputz freigelegt wurden. Meine Fotos sind neuesten Datums. Nur bei wenigen Bauten bieten ältere Aufnahmen ein ursprünglicheres Bild. Die Aufnahmen zeigen ungeschönt störende Straßenleuchten, Freileitungen und parkende Autos, die Baudenkmäler in ihrer jetzigen Umwelt. Die Zeichnungen wurden erstmals in obigem Buch „Das Bürgerhaus . . .", dort in vergrößertem Maßstab, veröffentlicht. Für die Erlaubnis zur Wiedergabe danke ich dem Herausgeber Herrn Prof. Dr.-Ing. Dr. phil. Günther Binding, Köln.

Seit Beendigung meines Architekturstudiums in Karlsruhe befasse ich mich mit dem Fachwerkbau, vor allem dem in meiner Wahlheimat, dem Kraichgau. Die Ergebnisse von mehr als vierzig Jahren Forschung während meiner Lehrtätigkeit als Professor an der FH-Karlsruhe, Fachbereich Architektur, bis 1980 und im anschließenden „Unruhestand" liegen in zahlreichen Veröffentlichungen vor. Schon meine Promotion zum Dr.-Ing. 1954 befaßte sich mit den älteren Fachwerkhäusern im Kraichgau.

Bleibt noch, besonderen Dank zu sagen dem Heimatverein Kraichgau e. V. Sinsheim, vor allem seinem 1. Vorsitzenden Bernd Röcker für die Herausgabe dieses Sonderdrucks Nr. 5 als einem seiner Beiträge zu den „Heimattagen Baden-Württemberg", 1990 in Bretten, der Esser Druck GmbH, Bretten, vor allem nochmals meiner Frau für die Mitarbeit bei der Abfassung des Manuskripts und als Korrekturleserin.

Möge dieses Buch dem aufgeschlossenen Bürger die Fachwerkhäuser im Kraichgau näher bringen, sein Interesse wecken, ihn vom Wert und der Notwendigkeit ihrer Erhaltung als Bauten der Vorfahren überzeugen, um sie unseren Nachkommen zu bewahren. Die Fachwerkhäuser beantworten noch heute viele Fragen zum Leben, zum handwerklichen und künstlerischen Können ihrer Erbauer und Bewohner in über mehr als sechs Jahrhunderten.

Bretten, 7. April 1990

ERWIN HUXHOLD

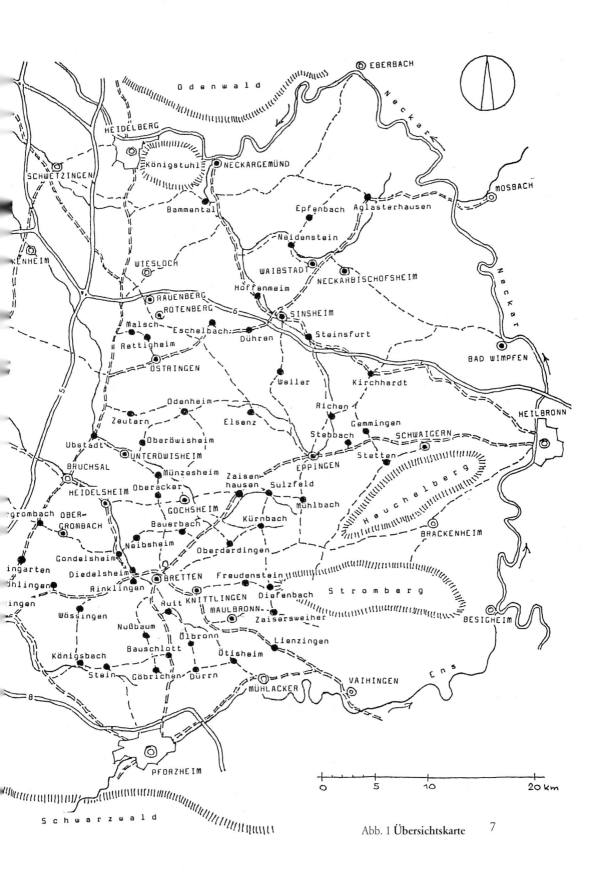

Abb. 1 **Übersichtskarte**

Übersicht

Der Gebirgszug entlang des Rheintals ist im Tertiär auf einer Länge von 60 km eingebrochen. Das entstandene Hügelland mit Erhebungen aus etwa 100 m bis zum höchsten Punkt, dem Steinsberg mit 333 m, wird nach dem von Ost nach West zum Rhein fließenden Kraichbach K r a i c h g a u genannt. Nördlich schließen der Odenwald und südlich der Schwarzwald an, beide nach der Senkung des Rheingrabens emporgewölbt. Die Grenzen bilden im Westen das Rheintal, im Norden und Osten der Neckar, nach Süden hin Stromberg, Heuchelberg und der Schwarzwald. Der Kraichgau mit seinem milden Klima ist fruchtbares Ackerland, durchsetzt von Eichen- und Buchenwäldern, die Reste früherer, größerer Waldflächen sind. Ein Netz von Bächen und Flüßchen durchzieht ihn in nordwestlicher Richtung bis zur Mündung in den Rhein. Die Elsenz entwässert mit ihren vielen Zuflüssen in den Neckar.

Der Mensch als Jäger und Sammler lebte in dieser günstigen Umwelt schon am Anfang seiner Entwicklung. Zahlreiche Funde zeugen von ständiger Besiedlung. Der älteste Mensch Europas, der Homo Heidelbergensis, war ein „Kraichgauer". In der jüngeren Steinzeit lebten die Schnurkeramiker auf dem Michaelsberg oberhalb Untergrombach. Die Siedlungen der Broncezeit lagen in den Lichtungen der größeren Lößgebiete. Die später ansässigen Kelten wurden um 100 v. Chr. von den Germanen verdrängt. Seit Ende des 1. Jahrhunderts bis zum 4. Jahrhundert siedelten und herrschten die Römer im Kraichgau, vom Limes im Osten geschützt. Auf gradlinigen, befestigten Straßen in Nordsüd- und Ostwestrichtung zogen die Händler mit ihren Waren von den Rheinlanden über Mainz südlich nach Straßburg und in südöstlicher Richtung nach Ulm. Hier rollte der Nachschub für die römischen Legionen und deren Garnisonen. Immer neue Funde von Resten ihrer Lager überraschen noch heute. So z. B. die Siedlung an der Straßenkreuzung bei Stettfeld, nördlich Bruchsal an der heutigen B 3, ebenso bei Wiesloch. Die Alamannen vertrieben die Römer, zerstörten deren Anlagen und Gutshöfe und lebten weiter in Holzhäusern. Die hochentwickelte Bauweise der Römer mit Heizung und Bädern wurde nicht übernommen.

Seit dem frühen Mittelalter führten neue Haupthandelsstraßen weiterhin durch den Kraichgau und nicht über die benachbarten Gebirge. Zwangsläufig blieb der Kraichgau in Kriegszeiten Durchgangsland für die feindlichen Truppen. So unterbrachen sehr schnell und immer wieder Notzeiten mit Plünderungen und Brandschatzungen Jahrzehnte des Wohlstands.

Landstädte und Orte mit Marktrecht entstanden schon im 12. und 13. Jahrhundert. Merian hat uns 1645 in seiner Topographia Germaniae das Bild von Bretten, Eppingen, Heidelberg, Sinsheim und Wiesloch erhalten. Die Bürgersöhne besuchten die Lateinschulen und studierten seit 1386 in Heidelberg. Die Renaissance als Zeit des Wohlstands wurde geformt durch die Blüte von Handel und Handwerk, die Erfindung der Buchdruckerkunst und die Nutzung des Schießpulvers, die Reformation und den Bauernaufstand. Das Ende kam mit dem europäischen Glaubenskrieg, dem Dreißigjährigen von 1618 bis 1648. Wieder zogen die Heere mit ihren Verwüstungen durch den Kraichgau, dem Durchgangsland von

Ost nach West. Städte und Dörfer wurden geplündert, wenige blieben von Brandschatzungen verschont. Nach vierzig Jahren Ruhe kam der Erbfolgekrieg zwischen Frankreich und der Pfalz. Im Vorfeld der bedeutenden Festung Philippsburg wurden fast alle Orte nach Osten bis über Sinsheim hinaus dem Erdboden gleichgemacht, Wehrtürme und Schutzmauern gesprengt. Diese Maßnahmen sollten einen geordneten Anmarsch und Aufmarsch der anrückenden Reichstruppen erschweren. Bis 1697 dauerten Plünderung, Brand, Not und Elend an.

Die wenigen Überlebenden und Zurückgekehrten bauten ihre Häuser wieder auf, in Armut, doch in der Hoffnung auf Frieden und Freiheit. Der Wiederaufbau erschöpfte sich nicht in der Wiederherstellung des Alten. Vielmehr wurden, meist auf den alten Grundmauern und Kellern, Fachwerkhäuser mit zeitgemäßem Aufbau und weiterentwickelten Konstruktionen errichtet, die die sich wandelnden Anforderungen ihrer Bewohner erfüllten. Nach Einebnen des Brandschuttes wurden wiederholt die engen Straßen verbreitert, so daß die alten Keller z. T. unter der neuen Straße lagen. Hinzukommt: Wechselten die Häuser den Besitzer, so wechselte damit oft ihre Nutzung. Entsprechende Um- und Ausbauten wurden durchgeführt, vor allem die Fensteröffnungen vergrößert. Das Außenwandgefüge verliert sein ursprüngliches Bild. Die Grundrißaufteilung der Häuser in einzelne Räume ist am Außenwandgefüge ablesbar. Die Wände im Innern stoßen immer gegen breite, im Fachwerk gut erkennbare Bundständer.

Schon seit dem frühen Mittelalter gibt es handwerklich gut konstruierte Fachwerkhäuser. Man verwendete das ausreichend vorhandene Holz, bis in das 17. Jahrhundert vor allem das wetterbeständige Eichenholz. Massiv, aus Kalkstein oder Sandstein baute der Adel seine Burgen, Amtshäuser und Schlösser, der Klerus seine Kirchen und Klöster. Da der Naturstein schwer zu brechen und zu bearbeiten und der Transport beschwerlich war, wurden nur die Kellerwände, Sockelmauern und die gewölbten Keller massiv aufgeführt. Die Kellerräume einfacher Häuser wurden mit Holzbalken überdeckt, sonst massiv eingewölbt. Die Fachwerkwände der Wetterseiten sind nach ihrer Zerstörung oft durch Massivwände ersetzt worden. Ab dem 18. Jahrhundert sind auch die Erdgeschosse großenteils massiv aufgeführt. Das Strohdach der mittelalterlichen Rauchhäuser, d. h. der Häuser ohne Kamin, wird allmählich vom Dachziegel verdrängt.

Der rechteckige Hausgrundriß bleibt bis ins 19. Jahrhundert einmal längs- und zweimal quergeteilt. Im Aufbau wird der noch mittelalterliche Ständerbau vom Stockwerksbau abgelöst. Die Konstruktion zeigt die Weiterentwicklung der handwerklichen Technik, besonders erkennbar an den Gebäudeecken und dem Dachstuhl.

Das Haus war für den Menschen, seine Tiere und Gerät von Anfang an Schutz und Sicherheit gegen die feindliche Umwelt, es war sein Zuhause. Schon früh bildeten sich Sippen, die sich bei Gefahr in Fluchtburgen zurückzogen. Später entstanden Dörfer, in den Landstädten lebte man im Schutz des Mauerrings.

Das Haus wandelte sich also mit der Entwicklung seiner Bewohner, es erfüllte seine Ansprüche. Es ist Spiegel seiner Zeit. An Einschränkung und Großzügigkeit, an primitiver oder schmuckreicher Bauweise lassen sich Armut oder Reichtum seiner Erbauer ablesen. Die Fachwerkhäuser wurden durch Umbau oder Erweiterung den sich verändernden Anforderungen angepaßt. Sie waren oft nacheinander Bauernhaus, Handwerker- oder Kaufmannshaus, Gasthaus oder Rathaus.

Die Jahrhunderte haben Städte und Dörfer verändert. Der Wandel des Ortsbildes vollzog sich tiefgreifend nach Kriegen und allmählich durch Abbruch und Neubau einzelner Häuser. Die jüngeren Häuser der Barockzeit, seit Beginn des 18. Jahrhunderts, sind daher zahlreicher als die älteren im heutigen Straßenbild zu finden. Die Werkstätten und Fabrikhallen der im 19. Jahrhundert aufkommenden Industrie wurden in Backstein, Stahl und später in Stahlbeton errichtet. Es war das Ende der Fachwerkkonstruktionen aus Holz. Um die Jahrhundertwende überziehen sie dekorativ nochmals Teile der Werksteinfassade wohlhabender Bürgerhäuser.

Ab der Mitte unseres 20. Jahrhunderts wurden mehr alte Fachwerkhäuser als im Kriege zerstört und durch oftmals nüchterne Neubauten ersetzt. Der überkommene Rest wird in Erkenntnis seiner Bedeutung wieder geschätzt, als Baudenkmal geschützt und einfühlsam instandgehalten. Die noch vorhandenen Häuser sollen in diesem Buch gewürdigt werden.

Die Entwicklung der Fachwerkhäuser im Kraichgau

Das Bürgerhaus, Handwerker- wie Ackerbürgerhaus, ist seit dem Mittelalter zweistöckig und steht mit dem Giebel zur Straße, an einer oder beiden Traufseiten nur durch den schmalen Ehgraben vom Nachbarhaus getrennt. Bei einigen Häusern wird der Giebel über dem Hahnenbalken abgewalmt. Die massiven gewölbten, bei wenigen Häusern mit Holzbalken überdeckten Keller sind z. T., vor allem bei den Bauernhäusern, von der Straße direkt erreichbar.

Die ältesten Häuser sind Firstsäulen-Ständerbauten. Erst aus der Zeit ab 1450 blieben Stockwerksbauten mit noch bündigem Giebel erhalten. Wenig später kragen auch die Dachstöcke im Giebel wie der Oberstock kräftig vor, um die Verriegelung der Rähme durch lange Knaggen zu ermöglichen. Der Überstand der Stockwerke wird nach Aufgabe dieser Verriegelung etwa ab Mitte des 16. Jahrhunderts geringer. Bei einzelnen Häusern fehlt die Stichbalkenlage. An ihrer Stelle wird der Giebelbalken auf den Rähmen vorgezogen. Die Balkenköpfe bleiben sichtbar.

Die Geschoßhöhen sind unterschiedlich. Bei den Firstsäulen-Ständerbauten 2,45 bis 2,20 m, bei den Rähmbauten bis etwa 1550 2,70 bis 2,25 m. Bis um die Mitte des 16. Jahrhunderts sind die Stockwerkshöhen des Oberstocks größer als die des Unterstocks. Die Dachneigung bleibt in dieser Zeit ziemlich gleich und beträgt etwa 55°, in Eppingen bis 63°. Sie ist gleich gut geeignet für Strohdeckung, Hohlziegel- oder einfache Biberschwanzdeckung.

Die Raumnot in den umwehrten Städten zwingt zu dreistöckiger Bauweise. Darauf noch dreistöckiger Giebel. In zunehmendem Maße werden auch die Erdgeschosse massiv aufgeführt. Massive Bürgerhäuser sind vermehrt erst ab Mitte des 18. Jahrhunderts zu finden. Der Grundriß wurde vom Bauernhaus übernommen. Die Aufteilung der rechteckigen Hausfläche in drei Querstreifen geht in die jüngere Steinzeit zurück. Im mittleren schmalen Streifen ursprünglich Ern mit Feuerstelle, etwa ab Anfang des 16. Jahrhunderts, vom Eingang her vorn der Flur mit Treppe, abgetrennt rückwärts die Küche. Im breitesten vorderen Streifen zur Straße hin Stuben und Kammern, Werkstatt und Lager. Darüber Kammern oder Lager. Auch im rückwärtigen Streifen, im Lichteinfall durch Nachbargebäude behindert, Kammern und Lagerräume. Die Dachstöcke dienten als Speicher. Quadratische Grundrisse sind selten und durch Grundstücksform und -größe bedingt. Beim ältesten Ständerbau in Untergrombach erfolgt durch die inneren Firstsäulen eine Aufteilung in fast gleich große Räume. Der Grundriß ist beim Ständerbau durch die Firstsäulenstellung mittig längs geteilt. Auch beim Stockwerksbau wird die mittige Längsteilung zunächst noch beibehalten. Doch die unterschiedliche Nutzung bedingt entsprechende Raumgrößen. So ist etwa ab 1470 die außermittige Längsteilung nachweisbar, wenig später auch versetzt in beiden Fachwerkstöcken. Die Querwände stehen übereinander, um die Dachlast des stehenden Stuhles aufzunehmen. Ab Ende des Mittelalters auch liegender Stuhl. Auf Grundstücken mit geringer Tiefe wird die kleine rechteckige Hausfläche nur einmal quer und längs geteilt. Der Giebel zur Straße steht über der langen, die Traufe über der kurzen Seite. Dadurch wird der Dachraum größer und besser genutzt. Die Aufteilung in drei Quer- und zwei Längsstreifen wird bis Ende des 19. Jahrhunderts beibehalten. Dann bedingen zusätzliche Räume mit verschiedenen Funktionen, sämtlich direkt zugänglich, weitergehende Grundrißlösungen.

Abb. 2　　　　　　　　　　　　　Abb. 3

Mittelalter
bis etwa 1460
Abb. 2

Beim mittelalterlichen Firstsäulenständerbau gehen die senkrechten Mittelständer von dem untersten Holz, der Grundschwelle, bis zum First, die Eck- und Traufständer bis zur Traufe. Durch das anschließende Einlegen der Zwischenbalkenlage wird der hohe Innenraum in zwei Geschosse unterteilt. Der Holzbedarf war groß und das Aufschlagen der Wände zugleich mit dem Dachwerk umständlich. Lange Fußstreben sichern das Gefüge. Die Hölzer sind weitgehend miteinander verblattet.

Übergangszeit
etwa 1460 bis 1550
Abb. 3

Noch im Mittelalter entsteht der konstruktiv stabilere Stockwerksbau, bei dem jeder Stock für sich abgebunden auf den unteren gestellt wird. Der Holzbedarf, vor allem an langen und dicken Hölzern, ist geringer. Steile wandhohe Andreaskreuze und sich kreuzende steile Fuß- und Kopfstreben, die sägezahnartig in die Eck- und Bundständer einblatten, sichern das Gefüge. Bei den Holzverbindungen wird allmählich die Verblattung von der Verzapfung verdrängt. Der Fußboden ist außen zwischen den Balkenköpfen und der Wandschwelle sichtbar.

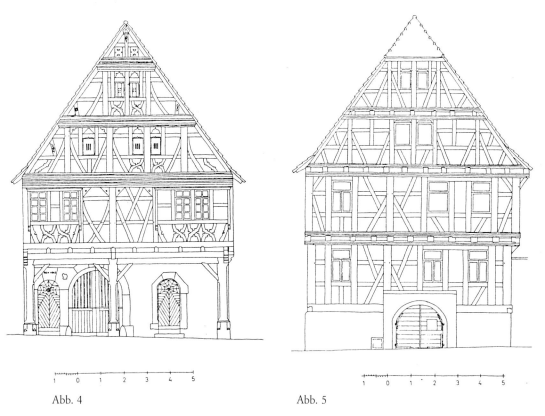

Abb. 4   Abb. 5

Renaissance
etwa 1550 bis 1650
Abb. 4

Das Außenwandgefüge zeigt den Wohlstand seiner Erbauer in zahlreichen Zierformen: Der Fränkische Mann, geschweifte Andreaskreuze mit Nasen, im Holzwerk ausgeputzte Flächen und Fränkische Fenstererker. Vielfach werden die Wandrähme, Balkenköpfe und Schwellen der vorstehenden Stockwerke mit breiten profilierten Bohlen verkleidet. Die Gefache, die Flächen zwischen den Hölzern, werden immer kleiner. Der Flächenanteil der Hölzer in den Außenwandflächen wird vereinzelt größer als die Putzflächen der Gefache.

Barock
etwa 1650 bis 1750
Abb. 5

Beim Wiederaufbau der Städte und Dörfer nach den Zerstörungen durch die Franzosen ab 1700 ist die Armut am Außenwandgefüge erkennbar. Zierformen sind selten. Zur Aussteifung dienen kurze und lange Streben und die K-Strebe. Die Schwellen der einzelnen überstehenden Stöcke bleiben profiliert.

Die Fachwerkhäuser im Kraichgau

Die Häuser werden nicht nach Alter oder Bauweise, sondern alphabetisch nach ihren Standorten, den Städten und Dörfern, zusammengefaßt. Dort für Rundgänge nach Straßen oder dem Ensemble.

Aglasterhausen
16 km nordöstlich Sinsheim

Mosbacher Straße 3
Abb. 6, 7

Abb. 6   Abb. 7

Das sehr gut instandgesetzte Haus aus der Spätzeit der Fachwerkbaukunst zeigt noch einmal den mit der K-Strebe gebildeten Formenreichtum.

Alle Hölzer sind gerade, alle Stockwerke stehen bündig, der Krüppelwalm vor dem dritten Dachstock begrenzt die Giebelhöhe. Unter den Fenstern wird durch die Eckwinkelhölzer die negative Raute gebildet. Keine Profilierungen, keine besonderen Zierformen. Ein großartiger Eindruck.

Am linken Eckständer, an der Traufseite oben in feinen Linien ein Turmdach mit Wetterfahne. Darunter noch eingefaßt: I · C · TS · 1780.

Bammental
6 km südlich Neckargemünd
Ortsteil Reilsheim

Haus Alte Steigstraße 4
Abb. 8–14

Abb. 8 Ostgiebel

Im Norden des Kraichgaus, in Reilsheim südlich Neckargemünd, steht auf einem Eckgrundstück, mit dem Ostgiebel und der Nordtraufseite zu den Straßen ein ehemaliges Gasthaus. Beim großen rundbogigen Kellerabgang die Jahreszahl 1592 und in der hölzernen Brüstung des Fenstererkers im unteren Fachwerkstock zwischen langem Text 1593. Dieser auf das Gasthaus hinweisende Text lautet:

DOMEN · WEBER · VND · SEIN · EHLICHEN · HAUSZFRAW · MARGGERDA · AVGBERGVIN ·
GOTSFORCHTIG · GERECHT · HAB · GOTT · VOR · AVGEN · ALLE · ZEIT · VER · GIS · NIT · WAS · ER · DIR · GEBAVT · SEI · WAHR · HAFFT · REDLICH · FROMB · GERECHT · GEDENK · DAS · DV · NVHR · BIST · EIN · KNECHT · VBER · SEIN · GVT · VND · ALL · DEIN · HAB · HEIT · LEBSTV · MORGEN · LIGST · IM · GRAAB · SEI · KEIN · VILFRASZ · KEIN · TRINKENBOLZ · LEB · NICHTERN · MESZIG · SEI · NIT · STOLTZ · THV · LIEBEN · KEVSCHHEIT.

WIDDER · DAS · VOLSAVFFEN. 15·93.
WEN · EIN · ESEL · NICHT · TRINKEN · MAG · THET · MAN · IHM · ANGLEICH · ALLE · PLAG · MAN · BRICHT · IHM · NICHT · EIN · TROPFEN · EIN · SOLCHS · LAS · DIR · EIN · EXEMPEL · SEIN · AVF · DAS · DV · LEBEST · MESZIGLICH · DEN · SONST · MAGSTV · WOL · SCHEMEND · DICH · DAS · AVCH · EIN · VNVERNIFFTIG · THIER · IN · DEM · FALL · MEHR · ZU · LOBEN · SCHIER.

Abb. 9 Inschrift

Abb. 10 Inschrift

Abb. 11 Nordseite

Abb. 12 Reilsheim — Ostgiebel

Die Straßenseiten des Oberstocks und der Straßengiebel des zweistöckigen Stockwerkbaues kragen vor, die Balkenköpfe bleiben sichtbar. Am Oberstock des Giebels kräftig vorspringender kanzelartiger Erkervorbau, von schmucklosen Streben gestützt. An der Nordtraufseite ehemals offene Laubengänge zur Erschließung der Innenräume von der Außenlängsseite. Später wurden in die Öffnungen Fenster eingesetzt und die Restflächen zugemauert.

Auch dieses Gebäude hat zwei Schauseiten. An den Bund- und Eckständern des Straßengiebels der „Mann", im Giebeldreieck über dem Brustriegel gerade Andreaskreuze. In den Brüstungsfeldern auch Andreaskreuze und Rauten ineinander verflochten. Schwellen, Rähme und Giebelkehlbalken sind profiliert. Die vier Vorkragungen des Giebels betonen noch den Stockwerksbau. In der Straßentraufseite sind vor allem die Brüstungen der früher offenen Laubengänge, unten mit geraden, oben mit geschweiften und mit Nasen besetzten Andreaskreuzen geziert. Im Dachraum liegender Kehlbalkendachstuhl.

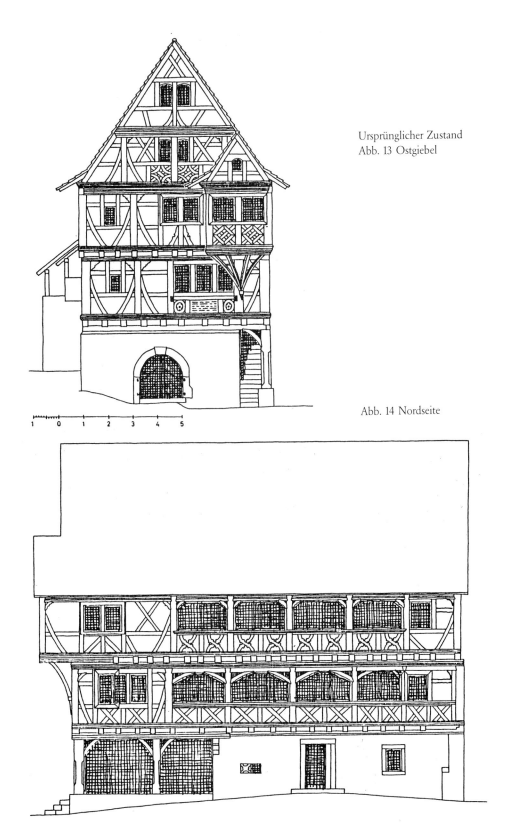

Ursprünglicher Zustand
Abb. 13 Ostgiebel

Abb. 14 Nordseite

Bammental – Haus Hauptstraße 12
Abb. 15, 16

Die weitgehend geschlossene Bebauung der Hauptstraße im Ortskern wird angenehm unterbrochen durch ein freistehendes stattliches Fachwerkgebäude. Vom Gehweg zurückgesetzt, hinter einem Vorgarten, gepflegt und gut saniert, beeindruckt es durch ausgewogenes einfaches Fachwerk mit großen hellen Gefachen.

Über dem Kellergeschoß aus unverputztem Naturstein stehen zwei Fachwerkstöcke. Darüber noch die Giebel des Hauptbaues zur Straße und des Seitenbaues vom winkelförmig angeordneten Gebäude. Die krummen Schwellen des Seitenbaues liegen auf dem erneuerten Mauerwerk. Der Oberstock steht wenig vor. Sein Eckständer steht auf dem Gratstichbalken, die Schwellen zapfen seitlich ein. Wandhohe, gerade und gebogene Streben und wenige gerade Andreaskreuze gliedern ausgewogen die Flächen. Die Vergrößerung der Fenster mit Sprossenteilung wurde behutsam vorgenommen. Das Gebäude ist ein Schmuckstück des an Fachwerk armen Ortes.

Abb. 15

Bammental – Haus Hauptstraße 9
Abb. 17

Gegenüber dem Hause Hauptstraße 12 ist das Fachwerkhaus Hauptstraße 9 bis über den Gehweg vorgeschoben. Das massive Erdgeschoß wurde hier zurückgenommen und der Giebel auf vier Holzstützen gestellt. Zwischen diesen sind die Pflanzen des Blumenladens dargeboten. Die zurückliegenden großen Schaufensterscheiben geben den Blick auf die Blumen im Laden frei. Der Fußgänger geht durch Blumen und Pflanzen sicher auf dem überbauten Gehweg. Einfaches Fachwerk im Oberstock und Giebel. Ein dem Barock nachempfundenes Ladenschild mit Spiralen ziert den Oberstock. Ein überzeugendes Beispiel für die Lösung schwieriger denkmalpflegerischer Aufgaben.

Abb. 16   Abb. 17

Abb. 18 Bauerbach – Rathaus

Bauerbach
nördlicher Stadtteil von Bretten

In Bauerbach sind nur wenige Fachwerkhäuser erhalten geblieben, darunter zwei bedeutende Gebäude.

Rathaus
Bürgerstraße
Abb. 18 – 24

Bei der Renovierung im Jahre 1905 wurde der ursprüngliche Zustand wieder hergestellt.

Das Gebäude springt mit Vorhalle und oberem Stockwerk etwa 3 m in die Straße vor. Das massive Untergeschoß enthält Abstellräume mit Zugang von der Straße durch zweiflügliges Tor und einflüglige Tür. Durch die linke Tür Zugang zur Treppe in den Oberstock. Auf drei kräftigen Ständern der Vorhalle ruhen doppelte Unterzüge. Am mittleren Ständer die Jahreszahl ·1·5·8·5· und MARTE · M · BERNHART · F · B · B ·. Der Fachwerkstock kragt an der Nord- und Ostseite zur Straße hin kräftig vor. Unter den vorstehenden Enden der Unterzüge kurze Knaggen mit kräftigen Wulsten und Hohlkehlen. Die Unterseiten der Stich- und Gratstichbalken sind in der Vorhalle sichtbar. Der Straßengiebel und die vorderen Wandflächen der Traufseiten, also die voll sichtbaren Flächen bei früherer engerer Bebauung, sind als „Schauseiten des Fachwerks" reich gestaltet. An den Bundständern der Fränkische Mann und im Bereich des ehemaligen Bürgersaales Fränkische Fenstererker. Brustriegel und seitliche Gewändehölzer mit unten profilierten Enden stehen bei ihnen etwa 10 cm vor, der Sturzriegel als Verdachung noch darüber hinaus. Auch hier waren früher oben und unten Nuten für Schiebeläden. Als besondere Merkmale der Renaissance in den Brüstungen der Erker und im Giebeldreieck kleine geschweifte Andreaskreuze mit Nasen. Auch das gerade Andreaskreuz ist über dem Brustriegel mehrmals eingefügt. Unter dem First schöne vorstehende Konsole. Rähme, Balkenköpfe und Schwellen sind beim dreifach kräftig vorspringenden Straßengiebel mit profilierten Bohlen verkleidet. Der rückwärtige Giebel und die hinteren Flächen der Traufseiten sind einfach konstruiert. Dort stehen die Eck- und Bundständer noch auf den Balken und noch nicht auf den Schwellen, ein Rest oberdeutschen Einflusses. Die Raumaufteilung wurde verändert. In beiden Dachstöcken ursprünglich Lager und Speicher.

Dieses Rathaus von 1585 ist eines der schönsten Fachwerkhäuser der Renaissance im Kraichgau.

Abb. 19   Rathaus-Nordostecke   Abb. 20

Abb. 21 Giebelabschluß   Abb. 22 Mittelständer

Abb. 23 Giebel Abb. 24 Giebel

Bauerbach — Kreuzstraße 1
Abb. 25 – 28

Ecke Kreuzstraße und Pfriemstraße steht ein großer zweistöckiger Fachwerkbau. Er wurde in den letzten Jahren vorbildlich restauriert. Im massiven Untergeschoß mit Holzbalkendecke sind der Eingang mit Treppe und die Kellerräume. Im Gewände der linken Kelleröffnung im Straßengiebel eingemeißelt als Erbauungsjahr die Zahl 1591. Der rechteckige Grundriß der beiden Fachwerkstöcke war auch hier einmal außermittig längs- und zweimal quergeteilt. Die Längs- und Querteilungen sind außen an den stärkeren Eck- und Bundständern erkennbar. Der große Eckraum im Oberstock hat an der Giebelseite einen oberdeutschen Fenstererker mit Schiebeläden. Im Dach über den beiden Querwänden liegender Stuhl, darüber unter dem Hahnenbalken Längsrähm mit senkrechter Stuhlsäule. Die Mehrzahl der Fensteröffnungen in den beiden Fachwerkstöcken wurde bei Umbauten vergrößert. Am Kopf der Eck- und Bundständer lange, kräftig profilierte, aus dem vollen Holz der Ständer herausgearbeitete Konsolen. Prächtig profilierter mächtiger Eckständer links an der Straßenseite, der aus dem umgedrehten Stamm mit Wurzelansatz herausgearbeitet wurde.

Abb. 25 Kreuzstraße 1 Straßengiebel

Das Haus ist ein sehr spätes Beispiel mit sichtbarem Fußboden. Bei den Dachstöcken schon eine Übergangsform. An den Stichbalken der Dachstöcke gehen die Bretter nicht mehr durch, sie sind eingenutet. Der Gesamteindruck ist noch überwiegend oberdeutsch.

Abb. 26   Vor und nach der Sanierung   Abb. 27

Abb. 28 Steinschieber am Kellerfenster

Bauschlott
Gemeinde Neulingen
8 km südlich Bretten

Beidseits des breiten Dorfangers, durch den bis in die fünfziger Jahre der Dorfbach floß, stehen die Wohnhäuser der ehemaligen Bauerngehöfte mit den Fachwerkgiebeln zur Straße, die heute nicht mehr Hauptstraße, sondern Am Anger heißt. Die zahlreichen gepflegten Häuser bilden ein sehenswertes Fachwerk-Freilicht-Museum.

Haus Am Anger 28
Abb. 29 – 35

Auf der Nordseite des Angers sind die bedeutendsten Häuser zu finden. Unweit der Kirche als Haus Nr. 28 steht das älteste Fachwerkhaus, dendrochronologisch festgestellt bereits 1442 erbaut. Bei zweimaligen Umbau- und umfassenden Instandsetzungsarbeiten nach dem letzten Kriege wurde nicht der ursprüngliche Giebel wieder hergestellt, sondern die Fenster wurden wesentlich vergrößert und dadurch das Fachwerkgefüge stark verändert. Das innere Gefüge blieb weitgehend erhalten.

Es ist im Kraichgau der einzige in wesentlichen Teilen erhaltene eingeschossige Firstsäulenständerbau mit kniestockhohen Traufwänden. Auch hier ist, wie in Untergrombach, ein großer Einraum konstruiert, der erst durch Einfügen der zwei Balkenlagen parallel zu den langen Traufseiten in zwei Geschosse und großen Dachraum unterteilt wird.

Der rechteckige Grundriß ist mittig längs- und in drei Zonen quergeteilt. Die mächtigen Mittelständer, etwa 9,00 m lang, gehen von den Schwellen durch das Haus bis unter die Firstpfette durch. Die Eck- und Bundständer sind etwa 3,70 m lang. Die Sicherung gegen Verschieben und Umkippen übernehmen lange Fußstreben, die in die Schwelle und die Ständer eingeblattet sind. Der kräftige, auf den Längswandrähmen aufliegende Außenwandbalken (nicht in Höhe der inneren Balkenlagen) wird durch kürzere Kopfstreben mit den Eckständern verbunden und ist der langen Firstsäule vorgeblattet. Über den Mittelpfetten liegt ein Spannriegel, darüber nochmals ein Kehlbalken zur Aussteifung. Die Längsaussteifung im hohen Dach übernehmen lange gebogene Kopfstreben, die versetzt in die Stuhlsäulen einblatten. Die Mittelpfetten stützen senkrechte Stuhlsäulen, von langen Streben gekreuzt.

Der rekonstruierte Straßengiebel (Abb. 31) zeigt noch mittelalterliches alemannisch-oberdeutsches Außenwandgefüge: Es gibt senkrecht nur die Eck- und Bundständer. Zwischen ihnen waagerecht lange kräftige Brust- und Sturzriegel, zwischen denen die kleinen Fensteröffnungen „waagerecht verschiebbar" sitzen. Auf den Sturzriegeln liegen die beiden raumteilenden Balkenlagen auf, die Balkenköpfe bleiben sichtbar. Fast alle Hölzer sind noch miteinander verblattet. Konstruktionsreste am rechten Eckständer lassen erkennen, daß das Haus einen Schwebegiebel hatte (Abb. 34). Vergl. Eppingen, Kirchgasse 22.

Abb. 29 Straßengiebel

Abb. 30 rechte Hausecke

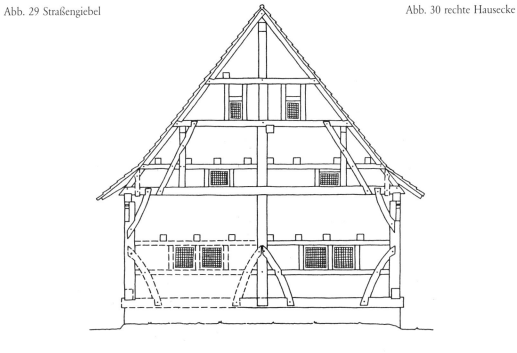

Abb. 31 Straßengiebel Rekonstruktion

Bauschlott – Am Anger 28

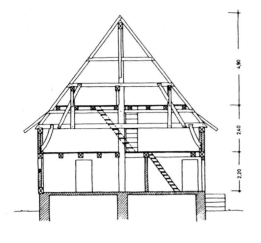

Abb. 32 Querschnitt

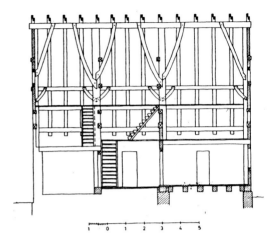

Abb. 33 Längsschnitt

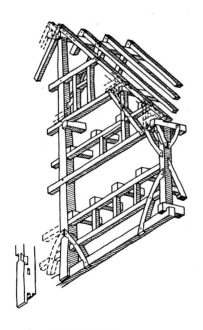

Abb. 34 Giebel

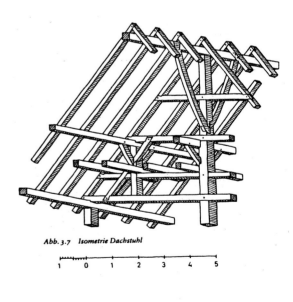

Abb. 35 Dachstuhl

Bauschlott – Am Anger 48
Abb. 36–40

Abb. 36 Südgiebel

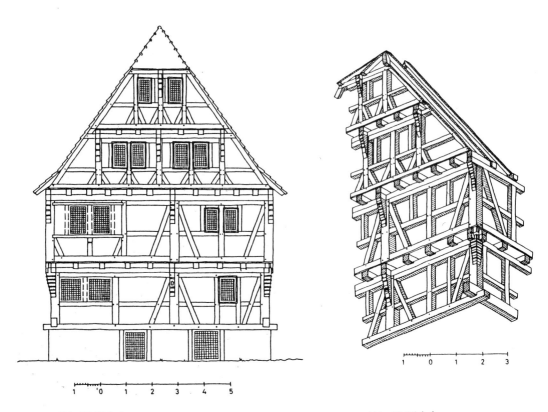

Abb. 37 Giebel   Abb. 38 Giebel

Das 1971 gut instandgesetzte Haus wird „Altes Pfarrhaus" genannt. Mit der Straße durch eine schmale Zufahrt verbunden steht es abseits am Ende eines kleinen Wirtschaftshofes. Als Jahr der Erbauung in einer Wappenkartusche an der Knagge des unteren Bundständers im Giebel die Jahreszahl 1542.

Der Grundriß ist außermittig einmal längs und zweimal ungleich quer in drei Zonen geteilt. Der linke breitere Längsteil ist unterkellert und nur von außen zugänglich. Darüber zwei Fachwerkstöcke und im Giebeldreieck zwei Dachstöcke mit Krüppelwalm. Alle Stockwerke springen kräftig vor. Ihre Fußbodendielung ist zwischen den Stichbalkenköpfen und Schwellen sichtbar. Auch hier im unteren Fachwerkstock in der mittleren Zone ursprünglich der durchgehende große Hauptraum (Ern) mit Feuerstelle und Treppe nach oben. Zur Straße hin die großen Stuben, rückwärts die Kammern. Im Oberstock entsprechende Aufteilung und Nutzung.

Über den beiden Querwänden ist ein stehender Kehlbalkendachstuhl als Bundwand zur Trennung von Treppenraum und Dachräumen ausgebildet. Es ist ein spätes Beispiel mit oberdeutschem Einfluß: Weiter Abstand der Ständer, sichtbarer Fußboden und Fenstererker im Oberstock. Die Bund- und Eckständer stehen auf dem Fußboden, die Schwellen sind in diese eingezapft. Doppelte Rähme im Giebel wegen der größeren Spannweite. An den Bund- und Eckständern sind zur Verriegelung der überstehenden Rähmenden lange mit Querwulsten versehene Konsolen aus dem Ständerholz herausgearbeitet. Fränkisch bereits sind die weitgehende Verzapfung der Hölzer miteinander und die eng gestellten Fenstergewändestiele mit der Reihung der Fußbänder im Giebeldreieck.

Bauschlott – Am Anger 48

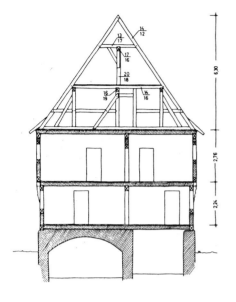

Abb. 39 Querschnitt

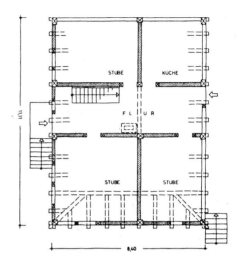

Abb. 40 Grundriss

Bauschlott – Am Anger Nr. 4
Abb. 41–43

Eines der größten Fachwerkhäuser in Bauschlott mit seinem eindrucksvollen Straßengiebel ist das Haus Am Anger Nr. 4. Es war, wie üblich, einmal längs- und zweimal quergeteilt. Im ersten Fachwerkstock steht die Längswand noch in der Mitte, im oberen nach West versetzt bildet sie dadurch ungleich breite Räume.

Das stattliche Haus ist in der vorderen und mittleren Zone unterkellert. Die Kellerräume sind nur von außen, vom Giebel her, zugänglich. Statt des sonst üblichen Kalksteingewölbes bildet die untere Balkenlage den Deckenabschluß. Im unteren Dachstock stehen über den Querwänden Bundwände mit senkrechten Stuhlsäulen. Im mittleren Dachstock ein liegender Stuhl. Im Außenwandgefüge blieb das Giebeldreieck ungestört. Die Fenster in beiden Fachwerkstöcken sind vergrößert. An der Westtraufseite, der Wetterseite, wurde die Fachwerkaußenwand im unteren Stock massiv erneuert. An den Eckständer der Südost-Straßenecke angelehnt zwei noch oberdeutsche Fenstererker. Sie entstanden durch Verstärkung der Brust- und Sturzriegel nach außen. In dort eingelassenen Nuten konnten Holzschiebeläden vor die Fensteröffnungen geschoben und diese damit geschlossen werden.

Abb. 41 Straßengiebel

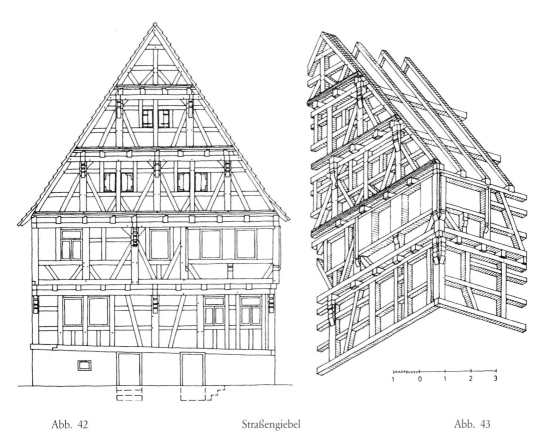

Abb. 42　　　　　　　　　Straßengiebel　　　　　　　　　Abb. 43

Der Oberstock kragt an den beiden Giebeln und der Hoftraufseite vor, ebenso darüber nochmals alle drei Giebelstöcke. An den Eck-, Bund- und Dachständern kräftig mit Wülsten und Kehlen verzierte Knaggen unter den überstehenden Rähmenden. Die Schwellen der Dachstöcke sind profiliert. Die Bund- und Eckständer des Oberstockes stehen noch auf den Balken, doch kein sichtbarer Fußboden mehr. Das Haus im Grenzraum zwischen Süd und Nord ist ein Beispiel mit noch alemannisch-oberdeutschem und bereits nördlich-fränkischem Einfluß. Es dürfte in der 2. Hälfte des 16. Jahrhundert erbaut worden sein.

Bauschlott — Am Anger 15
Abb. 44

Aus der Spätzeit der Fachwerkbaukunst blieb ein Haus mit dreizehnzeiligem Schriftband in feiner Umrahmung am linken Eckständer erhalten: · Dieses · Haus hat · Erbaut · A · W · Matheis · Elsäser · u · seine · E · frau · SALOME · E · GEBORNE SCHMIDIN · Anno · 1 · 7 · 8 · 3 · Z · M · L ·. Darunter eine Brezel und in Rechteckrahmen zwei einander berührende Kreise, einem Doppelweck ähnlich.

Abb. 44 Schriftband

Blankenloch
Ortsteil von Stutensee
8 km nördlich Karlsruhe
Haus Hauptstraße 90
Abb. 45, 46

Der unveränderte Straßengiebel des Hauses zeigt die Fachwerkgliederung um 1600. Am Gewände des Kellerabgangs der Hoftraufseite: Ulrich x 1603 x Knilinger. Jeder Fachwerkstock kragt vor, die Balkenköpfe unter den profilierten Schwellen bleiben sichtbar. An den Bund- und Eckständern der Fränkische Mann. Die Fenster der Stuben werden von Fenstererkern gerahmt. In den Brüstungsfeldern kurze gerade Fußstreben und geschweifte Andreaskreuze mit Nasen. Gerade Andreaskreuze zwischen Brustriegel und Wandrähm. An der Giebelspitze geschnitzter Kopf mit breiter Verdachung. Reiche zierliche Schnitzereien an den Eckständern und an den Fenstererkern.

Abb. 45　　　　　　　　　Straßengiebel　　　　　　　　　Abb. 46

Bretten

Bis zu der Zerstörung Brettens am 13. August 1689 durch französische Truppen war Bretten eine lebendige, sehenswerte, weithin bekannte mittelalterliche Stadt, deren Fachwerkhäuser an den Straßen und Plätzen die viel bewunderte Altstadt des unzerstörten Eppingen durch ihre Lage an einer Haupthandelsstraße noch übertroffen haben dürften. Merian hat in seinem Stich von 1645 das Stadtbild uns überliefert. Nur wenige Häuser haben den Brand von 1689 überstanden, nur zwei unverputzte blieben erhalten.

Die Fachwerkhäuser aus der Zeit des Wiederaufbaus mit ihren Zierformen und Besonderheiten sind sehenswert und lohnen einen Rundgang durch die Altstadt.

Bretten — Marktplatz 2/3/4/5
Abb. 47 – 53

Der westliche Teil des Marktplatzes wird an der Nordseite von einer reizvollen Fachwerkhausgruppe beherrscht, deren Gebäude aneinandergelehnt auf schmalen, aber sehr tiefen Grundstücken mit den Giebeln zum Marktplatz stehen. Nach der Zerstörung 1689 ging der Wiederaufbau für Handwerker und Händler nur langsam voran. Nach Einebnung des Brandschuttes wurden dreistöckige Bürgerhäuser mit z. T. veränderten Gebäudeflächen auf den erhalten gebliebenen Kellergewölben errichtet. Die Wiederherstellung dieser Hausgruppe dauerte vier Jahrzehnte. Die mittelalterlichen Kellergewölbe in verschiedenen Höhen sind ineinander verschachtelt. Zu ebener Erde waren die Werkstätten und Läden eingebaut.

Am Eckständer des linken Hauses Marktplatz 2, Ecke Am Gaisberg: PAB · 1736 · GRAB. Die reizvolle Rundbogengruppe von Fenstern und Eingang ist gemäß der Jahreszahl über der Tür 1757 in das massive Erdgeschoß eingebaut worden.

Das Nachbarhaus, Marktplatz 3, ein schmales Haus mit Walmdach, wurde nach Angaben des Eigentümers 1723 errichtet. Marktplatz 4, mit umgebautem Laden, datiert 1699. Es steht mit Nr. 3 zusammen auf einem Grundstück. Auch der mächtige rechte Bau Ecke Apothekergasse, ehemals Gasthaus, dann Café, ebenfalls im Erdgeschoß mehrfach umgebaut, ist im ersten Viertel des 18. Jahrhunderts errichtet. Die Grundrißaufteilung in der Ladenebene und in den Fachwerkoberstöcken wurde den wechselnden Anforderungen von Arbeiten, Lagern und Wohnen wiederholt angepaßt. Die ursprüngliche Aufteilung ist nur z. T. noch erkennbar. Die Dachräume der Häuser sind als Speicher genutzt. In allen Dächern stehende Kehlbalkendachstühle, die Binder sind z. T. als Bundwand ausgebildet. Zwischen den vier Häusern „Ehgräben" von unterschiedlicher Breite.

Das Außenwandgefüge ist schlicht und einfach. Vielleicht zwang der Mangel an Geld und an geeigneten Zimmerleuten zum Verzicht auf Zierformen und Repräsentation. Am linken Eckhaus Nr. 2 sind bei geringen Stockwerksvorkragungen die Rähme, Stichbalken und Schwellen von profilierten Bohlen verdeckt. Die Aussteifung übernehmen wandhohe Streben. Am Giebel unter dem First ein derb geschnitzter Männerkopf. Am kleinen Haus Nr. 3 sind auch die ursprüngliche Haustür und das Ladenfenster erhalten. Die Oberstöcke kragen vor, die Balkenköpfe sind sichtbar, Zwischenbretter und Schwellen profiliert. An den

Abb. 47 Bretten Marktplatz

Eckständern der Fränkische Mann und K-Streben. Das kleinste der Häuser hat in diesem Gebiet das erste Walmdach, das die Größe des Dachraumes einschränkt und eine Nutzung vom Marktplatz her verhindert. Vielleicht ist hier die in den nächsten Jahrzehnten sich vollziehende Wandlung angedeutet: Die Stellung des Hauses mit der Traufseite und damit der Dachfläche statt des Giebels zur Straße. Haus Nr. 4, das älteste, von 1699, mit dem Mann ohne Gegenstrebe als Verstrebungsform hat als einziges Zierwerk kleine gebogene Bänder im Giebel unter dem Krüppelwalm. Das große Haus Nr. 5 mit sichtbaren Stichbalkenköpfen kragt in allen Stockwerken zum Giebel mit Krüppelwalm vor. Keine Zierformen sind angebracht, nur dreiviertel- bis wandhohe Streben und kurze Schräghölzer in den Brüstungen prägen das Gesicht des Gebäudes.

Die Fassaden waren jahrzehntelang zugeputzt. Die durch Beileinhiebe zur besseren Putzhaftung stark zerstörten Oberflächen der Fachwerkhölzer sind seit der Freilegung größtenteils mit ihnen entsprechenden Brettern abgedeckt.

Der Reiz dieses westlichen Teils des Marktplatzes liegt in der Gruppenwirkung, in dem Abgestimmtsein aufeinander, trotz aller eigenständigen Größen und Formen. Die hier beschriebene Häuserzeile des Marktplatzes wird im Westen begrenzt durch den Fachwerkgiebel des 1940 wieder aufgebauten Gasthauses „Zur Krone". Seine Fachwerkaußenwände entsprechen weitgehend dem früheren Zustand. So hat sich im westlichen Teil des Brettener Marktplatzes mit seinen Fachwerkhäusern und dem Marktbrunnen von 1555 bis heute das reizvolle Stadtbild der 1. Hälfte des 18. Jahrhunderts als Ensemble erhalten.

Abb. 48 Marktplatz Nr. 2/3/4/5

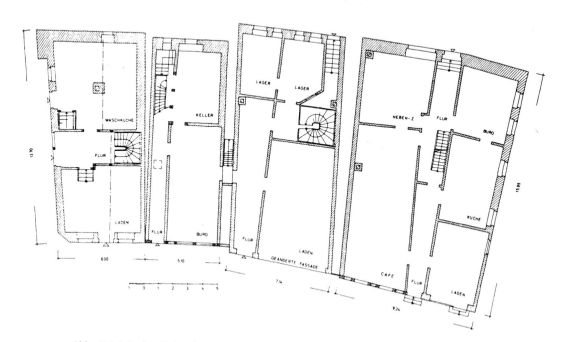

Abb. 49 Marktplatz Erdgeschosse

Abb. 50 Marktplatz 2

Abb. 51 Marktplatz 2

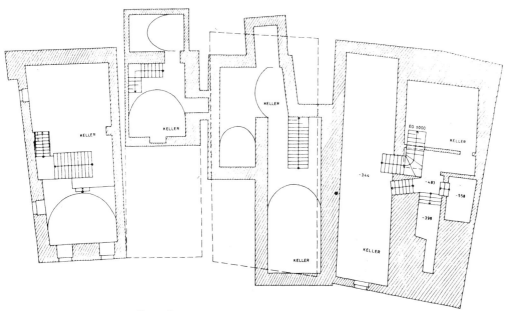

Abb. 52 Marktplatz Kellergeschosse

Abb. 53 Bretten Marktplatz

Bretten – Marktplatz
Abb. 54

Auch die Einmündung der Melanchthonstraße in den Marktplatz wird von Fachwerkhäusern geprägt. Im Vordergrund der achteckige Marktbrunnen mit der Figur des Pfalzgrafen Friedrich II. von 1555. Zwischen dem Melanchthonhaus und dem Fachwerkhaus des Hotels Krone zieht das gut erhaltene Fachwerkhaus Melanchthonstraße 3 den Blick auf sich.

Bretten — Melanchthonstraße 3
Abb. 55

Das erste Haus auf der Südseite der Melanchthonstraße, Nr. 3 das „Strasser'sche Haus" ist ein Fachwerkhaus. Auf sehr tiefem Grundstück überragt die rückwärtige Südseite, weithin sichtbar, die dort abfallende Pforzheimer Straße. Auch dieses Haus wurde nach der Zerstörung 1689 wieder aufgebaut. Die Schaufenster des massiven Erdgeschosses saßen ursprünglich zwischen den Bogenpfeilern. Die Arkaden entstanden vor Jahren durch Zurücknahme der Ladenfront. So wurde für den Kunden ein wettergeschützter Vorplatz und Eingang geschaffen. Eine gute und sinnvolle Veränderung. Die Arkaden überzeugen, als seien sie alte Bausubstanz.

Über dem Erdgeschoß zwei Fachwerkoberstöcke. Im unteren zwei fränkische Fenstererker, die um Holzdicke vor die Front vorstehen. In ihren Brüstungen links drei geschweifte Andreaskreuze, rechts zwei Rauten. Die unteren barocken Verzierungen an den senkrechten Erkerhölzern sind abgeschlagen. Der obere Fachwerkoberstock springt vor, die Stichbalkenköpfe sind sichtbar, unter den Brüstungen, wie darunter, Andreaskreuze. Der Fränkische Mann wird in allen Stockwerken durch lange Fußstreben und kleine Kopfbänder gebildet. Der Dachstock unter dem Krüppelwalm ist mit Fußstreben und kurzen Fußbändern unter dem Brustriegel ein typisches Beispiel mit Fachwerkformen der ersten Hälfte des 18. Jahrhunderts.

Am rechten Arkadenbogen die Jahreszahl 1724 als Datum der Erbauung. Ein Haus, das, noch zum Marktplatz gehörig, dessen Bild bereichert.

Abb. 56 Fachwerkgiebel

Bretten — Weißhofer Straße 1–3
Abb. 56

Im Jahre 1902 erbaute die Sparkasse Bretten an der Weißhofer Straße, Ecke Spitalgasse, ihr neues Verwaltungsgebäude.

Diesem Massivbau mit Werksteingewänden um die Öffnungen ist ein Fachwerkgiebel aufgesetzt. Der Fachwerkstock springt über die untere Außenwand vor, die Balkenköpfe bleiben sichtbar, die Unterkanten der Schwellen sind ausgekehlt.

Beide Dachstöcke in ähnlicher Form kragen nochmals vor. Über dem Hahnenbalken ein kleiner Krüppelwalm.

Das ganze Außenwandgefüge wiederholt mit schlanken Hölzern nochmals den Formenreichtum des 17. Jahrhunderts. Profilierte Schwellen, geschwungene Streben, gerade und gebogene Andreaskreuze und fast kreisförmige Rauten mit herausgearbeiteten Nasen und ein breiter reich verzierter Fenstererker. Aus den Eckständern figürlicher Schmuck zierlich herausgeschnitzt.

Abb. 57 Bretten Weißhoferstraße 12

Bretten – Weißhofer Straße 12
Abb. 57

An der Ecke Weißhofer Straße und der engen Bessergasse steht ein schmales dreistöckiges Fachwerkhaus. Der Nord-Ost-Giebel kragt zur Weißhofer Straße hin in jedem Stockwerk kräftig vor. An der profilierten Schwelle des zweiten Oberstockes eingeschnitztes Schriftband: „Das Haus ist mein/Ist auch nicht mein/Nach mir da kommt ein Andrer rein/Ist auch nicht sein! 1553". Schriftbild und Jahreszahl gehören nicht zur Erbauungszeit.

Über zwei tiefen, gewölbten Kellern liegt das ebenerdige, massiv erneuerte Stockwerk mit Laden zur Straße und Nebenräumen rückwärts. Es wurde mehrmals umgebaut. Die ursprüngliche Aufteilung ist nicht feststellbar. Im Dachwerk zwei Binder mit dreifach stehendem Pfettendachstuhl. Das Haus war wahrscheinlich bei seiner Länge dreimal quer in vier Streifen geteilt.

Von Interesse ist der Straßengiebel. Die profilierten Schwellen haben an der unteren Außenkante Einkerbungen. Im ersten Oberstock an den Eckständern der Fränkische Mann mit ausgeputzten Augen, in der Brüstung geschwungene Andreaskreuze. Wesentlich einfacher gestaltet ist der zweite Oberstock mit langen Streben. Auch hier sind die Fensteröffnungen vergrößert worden. Im Giebeldreieck zwei gerade Andreaskreuze und eine Raute als einzige Zierformen.

Gegen das Datum 1553 sprechen verschiedene Konstruktionsformen. Das Haus dürfte in der ersten Hälfte des 17. Jahrhunderts, spätestens vielleicht statt 1553 im Jahre 1653 erbaut worden sein. Es hat mit nur wenigen Häusern dieses Stadtteils die Zerstörung von 1689 überstanden.

Abb. 58 Bretten Gerbergasse 10

Abb. 59 Bachseite   Abb. 60 Rückseite

Bretten – Gerbergasse 10
Abb. 58 – 60

Die Gasse Am Leyertor endet am Saalbach, dessen Nordufer die alte Stadtmauer mit dem Leyertor sicherte. Nach Westen hin, von der Gerbergasse zugänglich, lehnt sich ein Haus an die Stadtmauerreste, sitzt mit dem dort massiven Obergeschoß auf der Mauer. Darauf noch ein Fachwerkoberstock, dessen Holzwerk nach Abblättern des Verputzes wieder sichtbar ist. Zur Gasse Am Leyertor sind die Außenwände beider Stockwerke als Fachwerkwände konstruiert. Darüber der schmucklose dreistöckige Fachwerkgiebel. Das massive Erdgeschoß, beide Fachwerkstöcke und der Giebel stehen flächenbündig. Keine sonst üblichen Stockwerksvorkragungen, keine sichtbaren Stichbalken, nur einfachste Konstruktionen. Lange Streben sichern das Fachwerkgefüge.

An der Bachtraufseite neben dem rechten Fenster eine Sandsteintafel mit Erbauungsdatum: · G · B · F ·, · I · C · PC, · 1 · 7 · 4 · 0 ·, dreizeilig, eingemauert.

Die ursprünglich vorhandenen Öffnungen über den Brüstungen zur Durchlüftung des oberen Fachwerkstocks, in dem die gegerbten Felle hingen, wurden bis auf kleine Fenster zu anderer Nutzung geschlossen. Deutlich sichtbar an beiden Traufseiten die Kopfknaggen zur Aussteifung der breiten Öffnungen im Winkel von Ständern und Rähmen. In den ausgefachten Brüstungen an der Bachseite Schräghölzer, zur Gerbergasse hin zwei Andreaskreuze. In den Ansichtszeichnungen sind die ursprünglichen Öffnungen schraffiert.

Uns geblieben ist mit dem einzig erhaltenen Gerberhaus ein malerischer Fachwerkbau am Zugang zur Altstadt, an der Gasse am Leyertor, zum „Oppenloch".

Abb. 61 Pfluggasse 8   Abb. 62 Pforzheimer Straße 26

Bretten – Pfluggasse 8
Abb. 61

Mit der Traufe zur Straße steht das zweistöckige Fachwerkhaus eines Ackerbürgers. Der Oberstock springt mit sichtbaren Balkenköpfen vor. Im schlichten Fachwerkgefüge sichern lange, durchgehende Streben die Traufwand. Profilierte Schwellen und die Haustür bilden den einzigen Schmuck.

Die Haustür ist eine gute handwerkliche Arbeit aus der Zeit der Erbauung. Die aufgedoppelte Tür mit schmiedeeisernen Nägeln und Türklopfer ist zweigeteilt. Mit Versatz eingefügte Knaggen als Rundbogensturz. Über der Bekleidung mit kräftigem Wulst und Kehle dicht unter der vorstehenden Gesimsabdeckung ein Schriftband: · IACOB · GRILO · 1718 · BARBARA · GRILOIN ·.

Bretten – Pforzheimer Straße 26
Abb. 62

In der Pforzheimer Straße, Ecke Werkhausgasse, steht ein gut erhaltenes und instandgesetztes Fachwerkhaus, dessen dreistöckiger Giebel weithin sichtbar ist. Über dem wohl mehrfach umgebauten massiven Erdgeschoß mit großer einteiliger Schaufensterscheibe steht auf den sichtbaren Stichbalken und profilierter Schwelle ein Fachwerkoberstock mit dem Fränkischen Mann am Bundständer und einer gedrehten Dreiviertelsäule mit kleinem Kapitell und Basiswulst als Schmuck der Hausecke. Die drei Fachwerkstöcke des Giebels sind ungestört erhalten. In der Holzbrüstung unter der obersten Speicherluke eine geschnitzte Rosette und der Name: NICOLAUS LOHR. Fachwerk, Speicheröffnungen mit Klappläden und die profilierten Bohlen vor den Balkenköpfen vermitteln in ihrer Schönheit das ursprüngliche Bild aus der Zeit der Erbauung, der ersten Hälfte des 18. Jahrhunderts.

Abb. 63 Straßengiebel   Abb. 64 Straßengiebel

Bretten — Pforzheimer Straße 7
Abb. 63 – 70

Eines der bedeutendsten Fachwerkhäuser von Bretten ist das „Heberer-Haus", Pforzheimer Straße 7. Die Pforzheimer Straße mündet nach einer ansteigenden Rechtskurve in den Brettener Marktplatz. An der Innenkurve steht der zweistöckige eindrucksvolle Fachwerkbau, der sich mit dem herausragenden Kellergeschoß und dem unteren Fachwerkstock der Krümmung der Straße anpaßt. Der zur Firstrichtung schräg gestellte Westgiebel steht ab dem oberen Fachwerkstock keilförmig an der Hauptecke bis 2,30 m über. Eine lange Strebe stützt Rähm, Balken und Schwelle des Oberstockes. Dadurch ist die Wohn- und Speicherfläche des Ober- und Dachstockes über die darunterliegende Straße hinaus vergrößert.

Eine breite Treppe führt vom zweiflügeligen Tor an der Straße hinab zum tiefliegenden, gewölbten unterteilten Keller, groß genug zur Lagerung von Handelswaren, Fässern und sonstigen Gütern. Im Gewände des Torbogens die Inschrift: · HANS · HEBERER · 1549. Es wird daher „Heberer-Haus" genannt, weil es auch die Erinnerung an den Sohn des Erbauers, Johann Michael Heberer, festhält, der ein weit gereister und bekannter Bürger gewesen ist. Das Fachwerkhaus von 1549 ist beim Stadtbrand 1689 zerstört worden. Der heutige beeindruckende Bau auf dem erhalten gebliebenen Kellergeschoß stammt aus dem Anfang des 18. Jahrhunderts.

Abb. 65 Kellerabgang

Dieses Haus eines Kaufmannes oder Handwerkers enthielt im unteren Stockwerk die Räume für sein Gewerbe, Laden, Kontor, Werkstatt und Lagerräume, im oberen die Wohnung und Kammern für Gesellen und Bedienstete. Beide Dachstöcke dienten als Warenspeicher. Im Laufe der Jahrhunderte wechselte mit den Eigentümern auch die Nutzung der Häuser. Entsprechend den jeweiligen Anforderungen wurden Umbauten vorgenommen, so daß die ursprüngliche Raumaufteilung schwer erkennbar ist. Heute enthält das Heberer-Haus einen Laden und Mietwohnungen. Auch in den unteren Dachstock wurde eine Wohnung eingebaut, die Speicherfenster vergrößert. Die untere Fachwerkaußenwand der Nordtraufseite mit Schaufenster und Eingang mußte 1815 massiv erneuert werden. In den Sturz des klassizistischen Gewändes eingemeißelt: A · B · TS 1815.

Der Westgiebel, von der Oberen Kirchgasse aus gut sichtbar, zeigt die Formen des Fachwerks um 1700. An ihnen ist die Zeit des Wiederaufbaus ablesbar. Der Fachwerkoberstock und die beiden Dachstöcke ragen über den unteren jeweils vor. Darüber ein Krüppelwalmdach. Die Fensteröffnungen werden beidseits von durchgehenden Gewändestielen gefaßt, die nicht mehr über den Balken stehen. Die Strebenhölzer bilden eine neue Form, den „Mann mit Armen" und die K-Strebe, lange Fußstreben bis zum oberen Riegel, von denen Kopfstreben ab dem unteren Riegel nach oben laufen. Auf früher übliche Schnitzereien, Profilierungen und Zierformen wurde verzichtet. Anders beim zum Marktplatz hin angrenzenden Nachbarhaus Pforzheimer Straße 5, gemäß dortiger Tafel 1698 erbaut. Hier im Giebeldreieck noch alte Zierformen aus der ersten Hälfte des 17. Jahrhunderts, Andreaskreuze und kurze, gebogene Hölzer. Es wäre für das Bild des Marktplatzes vorteilhaft, wenn auch das Fachwerk der beiden verputzten Stockwerke freigelegt würde.

Abb. 66 Giebelseite

Abb. 67 Traufseite

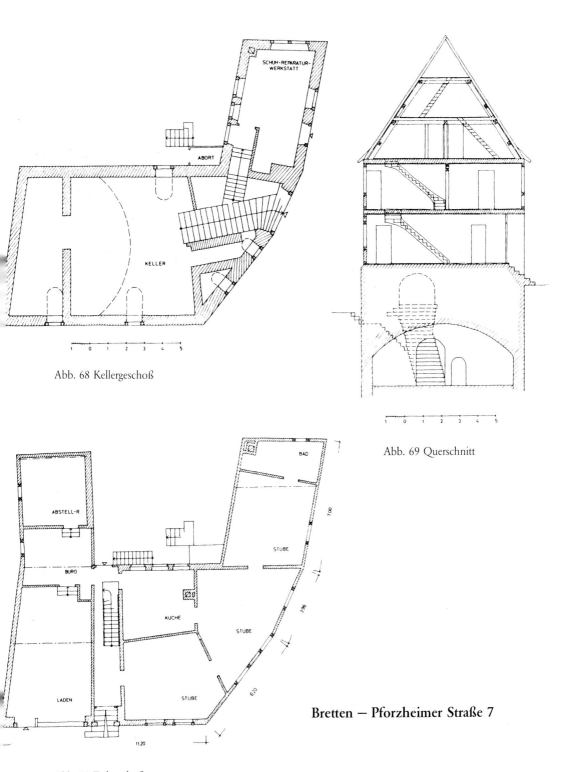

Abb. 68 Kellergeschoß

Abb. 69 Querschnitt

Abb. 70 Erdgeschoß

Bretten – Pforzheimer Straße 7

Abb. 71 Giebel Abb. 72 Eckständer

Bretten – Schlachthausgasse 2
Abb. 71/72

In der Nähe des neuen Rathauses steht ein gut saniertes einstöckiges Fachwerkhaus. Über dem Dachstock am Giebel ein Krüppelwalm. Lange Streben sichern die Fachwerkaußenwände. Die ausgekehlte Schwelle ist farblich fein hervorgehoben.

Der linke Eckständer überrascht mit seinen Inschriften, die durch hellere Farben sichtbarer und lesbarer sein sollten. An der linken Seite in Herzform mit Kreuz darüber: I H S. Darunter in tiefer Nische mit Rundbogen eine kleine Madonna. An der rechten Seite ein Osterlamm mit Fähnchen. Darunter in langer wappenförmiger Umrahmung vierzeilig: IHMB · CNABEN · ANO · 1748. Danach könnte das Haus ehemals katholisches Pfarrhaus oder Mesnerhaus gewesen sein.

Abb. 73 Obere Kirchgasse 3/5   Abb. 74 Melanchthonstraße 43

Bretten — Obere Kirchgasse 3/5
Abb. 73

Bevor die Obere Kirchgasse steil zur Pforzheimer Straße hinabführt, steht bei der Stiftskirche ein zweistöckiges Fachwerkdoppelhaus. Vor einigen Jahren wurde das verputzte und verwahrloste Haus mit viel Mühen und erheblichen Kosten gründlich und vorbildlich saniert. Im Erdgeschoß konnte nur eine Hausecke als Fachwerk erhalten bleiben. Der Oberstock steht an der Traufseite vor, die Balkenköpfe sind sichtbar. Nur lange und kurze Streben sichern die Außenwände. Die Fenster mit Sprossen und Klappläden sind gut eingefügt. Das schlichte Haus wirkt durch die Einfachheit und Ausgewogenheit des Fachwerks. Ein guter Akzent an exponierter Stelle.

Bretten — Melanchthonstraße 43
Abb. 74

Vom Haus Ecke Obere Kirchgasse ist bei der gründlichen Erneuerung nur der Fachwerkständer vom Oberstock erhalten geblieben. An seiner linken Seite steht geordnet mit gleichmäßigen Buchstaben oben zweizeilig: DANIEL · TRAVT. Darunter in zwölf Zeilen: WIR BAUEN · ALE FESTE · UND SENT · DOCH FREMTE · GOSTE UND · DA WIR · WOLEN · EWIG SEIN · DA BAVEN WIR GAR · WENIG · NEIN. Unten noch in fünf Zeilen: ALLEN DENEN · DIE MICH KENEN · GEBE GOTT · WAS SIE · MIR GONEN. An der rechten Seite oben auf vorstehendem Rechteck: 1726, darunter auf vorstehender Schildform: H · T · S · TN, darunter Rad mit sechs Speichen.

Abb. 75 Bretten Weißhofer Straße 4

Abb. 76
Bretten Melanchthonstraße 19

Die „Eckmännle" von Bretten

Wenn es der wieder erworbene Wohlstand erlaubte, wurden beim Wiederaufbau nach 1689 schmückende Zierformen angebracht. Vor allem die Eckständer erhielten gedrehte Dreiviertelsäulchen mit Basis, Kapitell und Spiralformen.

In Bretten sind Zierformen an den Eckständern erhalten, wie sie nirgendwo im Kraichgau zu finden sind, die „Eckmännle". Da vier erhalten geblieben sind, dürften in der ersten Hälfte des 18. Jahrhunderts zahlreiche Häuser diese Zierformen getragen haben.

Dem handwerklichen und künstlerischen Können der Zimmerleute entsprechen die Figuren. Sie stellen die Erbauer dar mit Perücke und Festtagsrock mit breiten Ärmelumschlägen. In ihren Händen halten sie eine schildförmige Tafel mit Inschrift. Bei zwei von ihnen sind darunter die Füße sichtbar, bei den anderen sind sie von Rankenwerk verdeckt.

Bretten – Weißhofer Straße 4
Abb. 75

An dem verputzten Fachwerkhaus ist der mächtige Eckständer aus mehreren Hölzern zusammengesetzt. In Lebensgröße ist der Oberkörper des zu Wohlstand gekommenen Erbauers mit Hut und Perücke herausgeschnitzt. Dicht über seinem Hut als Zunftzeichen des Bäckers die Brezel mit Backwerkzeugen, von zwei Löwen gehalten. Die Hände stützen sich auf einen Schild mit der Jahreszahl · 1 · 7 · 1 · 0 · und den Buchstaben · E · H · F · D · G ·. Darunter, kleiner, · M · A · Y ·. In der Mitte des Schildes, wohl als Hinweis auf weitere Tätigkeiten, einige Küferwerkzeuge, breiter Schälspaten und zwei Schälmesser mit Griffen zum Entfernen der Rinde gefällter Bäume. Um den Schild Rankenwerk, vielleicht ein wie aus Teig mit den Fingern geformtes langes Backwerk.

Abb. 77 Pforzheimer Straße 16   Abb. 78 Friedrichstraße 14

Bretten — Melanchthonstraße 19
Abb. 76

In der linken Ecke des verputzten, an den Nachbarn angebauten Hauses steht zwischen eingerollten Konsolen der Mann mit sichtbaren Beinen unter dem großen Schild. Darin oben 1731, in der Mitte Hobel und Zirkel als Handwerkszeichen, darunter I B · A MB.

Bretten — Pforzheimer Straße 16
Abb. 77

Auf dem erhalten gebliebenen Eckständer hält der Mann mit seinen Händen den Schild mit den Buchstaben: K D A C D 1713. Darunter in barockem Schwung Blattwerk, Zweige und Ranken.

Bretten — Friedrichstraße 14
Abb. 78

Diese Figur ist am stärksten aus dem Ständer herausgearbeitet. Über dem Kopf mit Perücke muschelförmige Verdachung. Über dem Festtagsrock breites Halstuch. Die herabhängenden Hände halten ein ovales, einem Faßboden ähnliches Medaillon mit der Inschrift: F H S · 1504. Darunter kräftig vorstehender keilförmiger Klotz. Die Beine mit Wadenstrümpfen und Schnallenschuhen stehen auf einem einfachen Podest. Die Jahreszahl müßte 1704 heißen. Die verwitterte wertvolle Figur bedarf dringend eines schützenden konservierenden farbigen Anstrichs.

Abb. 79

Bretten — Wilhelmstraße 2
Abb. 79

Am Ende des 19. Jahrhunderts werden nochmals für kurze Zeit Fachwerkaußenwände im repräsentativen Hausbau, der „Villa", dekorativ verwendet. So baut der durch Fabriken zur Holzverarbeitung wohlhabend gewordene ehemalige Zimmermeister Theodor Harsch im Jahre 1900 sein eigenes Wohnhaus in Bretten. Die Werksteinfassaden der Schauseiten werden durch das dritte Geschoß in Fachwerk und eine Fachwerkveranda über der Freitreppe aufgelockert. Dieses Außenwandgefüge wiederholt mit schlanken Hölzern nochmals den Formenreichtum des 17. Jahrhunderts. Profilierte Schwellen, geschwungene Streben, gerade und gebogene Andreaskreuze mit Nasen und aufgesetzten Kreisen, kunstvolle Rauten und geschnitzte Fenstererker an der Veranda. Es ist eine letzte Rückbesinnung auf das Fachwerk, das durch mehr als fünf Jahrhunderte als das Wandgefüge des Bürgerhauses immer neue Formen und Konstruktionen bildete und weiter entwickelte.

Abb. 80

Bretten – Melanchthonstraße 32/34/36
Abb. 80

Am Hundlesbrunnen stehen drei Fachwerkhäuser dicht beieinander. Das Fachwerk wurde in den letzten Jahren freigelegt und gut wieder hergestellt. Fast alle alten Hölzer sind erhalten geblieben. Die Einhiebe im Holz zur Haftung des Putzes sind noch zu sehen. Dieses Ensemble ohne besondere Zierformen wirkt durch die lebhafte Reihung. Die Erdgeschosse wurden massiv erneuert. Die jetzigen Schaufenster und Eingänge entsprechen wohl der Notwendigkeit geschäftlicher Nutzung. Darüber je ein Fachwerkstock und Dachstock mit Krüppelwalm. Die K-Strebe, kurze und lange gerade Streben und kleine Fußstreben sichern das Gefüge. Die Balken sind z. T. sichtbar, z. T. mit profilierten Bohlen verkleidet.

Die Häuser sind rückwärts gegen die höher liegende Straße, den Engelsberg, gestellt. Die dort tiefer liegenden Untergeschosse entsprechen den vorderen Erdgeschossen. Etwa ab Mitte der Haustiefe wurden die beiden rechten Häuser nach rückwärts sinnvoll mit überragenden Giebelspitzen aufgestockt.

Von der Melanchthonstraße her, dem Bild des Ensembles angepaßt, erhielten dort untergebrachte Räume entsprechend ihrer Nutzung die Bezeichnung 'Kunst unter Giebeln'.

Abb. 81 Bretten Obere Kirchgasse im Jahre 1946

Diedelsheim
westlicher Stadtteil von Bretten

Haus Alte Poststraße 12
Abb. 82 – 90

Abb. 82 Straßengiebel

| Abb. 83 | Ansichten | Abb. 84 |

Der Giebel dieses Hauses ist bis zur Schwandorfstraße, vorher Hauptstraße, durch die enge Gasse sichtbar. Auf niederen Sockelmauern des nicht unterkellerten Gebäudes zwei Fachwerkstöcke. Die Quer- und Längsteilung ist an den Bundständern zu erkennen. Im vorderen breiteren der drei Querstreifen sind die großen Stuben, im mittleren, vom Hof her, der Flur mit Treppe, rückwärts die Küche. Im hinteren Streifen Kammern und Abstellräume. Die Längstrennwände stehen nicht übereinander. In beiden Dachstöcken Speicherräume. Im unteren Dachstock liegender Kehlbalkendachstuhl mit langen Kopfstreben, die Binder z. T. als Bundwand ausgebildet. Auf dem Spannriegel, unter den Kehlbalken, ein Längsunterzug, von einer Stuhlsäule gestützt. Im oberen Dachstock ein einfach stehender Stuhl unter den Hahnenbalken. An der hinteren nördlichen Giebelseite über den Kehlbalken großer Krüppelwalm.

Das Haus ist für die Entwicklung des Außenwandgefüges von Bedeutung. Die Südwestecke des Fachwerkunterstocks, zur Straße hin, wurde massiv erneuert. Dadurch ist die Eckausbildung im Unterstock nicht mehr erkennbar. Der Oberstock kragt nach zwei Seiten zu Hof und Straße vor. An der Westtraufseite auffallend kräftige Eck- und Bundständer auf dem sichtbaren Dielenfußboden. Lange, freilaufende, z. T. gebogene Streben zwischen Schwellen und Rähmen. Unter den vorstehenden Rähmen mittelalterlich kammartig geschnitzte Knaggen.

Auch im Straßen-Südgiebel wurden die Fensteröffnungen im Unter- und Oberstock vergrößert. Das große, ungestört erhaltene Giebeldreieck kragt über den Oberstock vor und geht durch alle Dachstöcke bündig durch. Überraschend ist die Einfachheit und Klarheit. Kein Holz zuviel. Ständer nur unter den Rähmen, entsprechend dem Kehlbalkendach drei im unteren und einer im oberen Dachstock. Brust- und Sturzriegel gehen jeweils über die ganze Giebelbreite. Das ist noch alemannisch-oberdeutscher Einfluß.

Die Vorkragungen des Oberstocks und des Dachstocks werden unterschiedlich gelöst. Oben stehen in handwerklicher Übung die Stichbalken, eineinhalb Balkenfeldbreiten lang, etwa 24 cm über. Anders die untere Konstruktion. Statt der überstehenden Stichbalken ist der Außenwandbalken über die ganze Giebelbreite ebenfalls um etwa 24 cm bis bündig mit den ihn tragenden Rähmenden vorgezogen. Durch eine kräftige lange Hohlkehle zwischen den Auflagern an der Giebelbalken-Außen-Unterkante wird plumpes Aussehen vermieden. Auf den Giebelaußenbalken sind die Fußbodenbretter sichtbar.

Einziger Schmuck dieses Hauses die mit Wulsten und Kehlen versehenen langen Knaggen an den Bund- und Eckständern unter den überstehenden Rähmenden. Der sichtbare Fußboden, die auf ihm stehenden Bund- und Eckständer mit den langen Knaggen und die Gliederung des Giebels lassen noch mittelalterlich-oberdeutschen Einfluß erkennen. Das Außenwandgefüge spricht für die Mitte des 16. Jahrhunderts als Erbauungszeit.

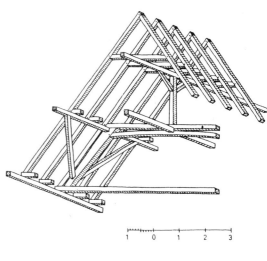

Abb. 86 Dachstuhl

Abb. 85 Konsole

Diedelsheim Alte Poststraße 12

Abb. 87

Abb. 88

Abb. 89

Abb. 90

Abb. 91　　　　　　　　　　　　　　Abb. 92

Diefenbach
Ortsteil von Sternenfels
12 km östlich Bretten

Zaisersweiher Straße 6
Abb. 91

Am unteren Ende der Fußgängerzone durch den Ortskern steht ein großes Fachwerkhaus, dessen Giebelseite verbreitert wurde. Das Dach dieses Gebäudeflügels mit kleinem Giebel läuft gegen die Hauptdachfläche.

Über dem massiven Erdgeschoß ein Fachwerkstock und zwei Dachstöcke mit Krüppelwalm. Fußbodenreste sind im Oberstock und im Dachstock erhalten geblieben. Der Oberstock scheint mehrfach, so vor allem beim Einbau der zu großen Fenster, verändert worden zu sein. Auch der untere und obere Dachstock in der Formensprache der Renaissance sind in Teilen ergänzt und erneuert. Dort sind der Fränkische Mann, die kurzen Fußstreben und die geschweiften Andreaskreuze die Figuren der zweiten Hälfte des 16. Jahrhunderts.

Diefenbach – Zaisersweiher Straße 4
Abb. 92

Das Wohnhaus eines ehemaligen Bauernhofes ist mit beiden Fachwerkstöcken und zweistöckigem Giebel erhalten geblieben. Der Oberstock steht kräftig vor. Die Balkenköpfe und die Fußbodenbretter sind sichtbar.

Ohne Zierformen, nur durch lange gerade und kurze Fußstreben gegliedert, wirkt das Haus durch den ausgewogenen Einsatz dieser Hölzer. Veränderungen hat das Gefüge beim Einbau der vergrößerten Fenster, leider ohne Sprossen, erfahren. Den kräftigen Eckständer zieren breite Schrägflächen und Stabbündel. Sie weisen in die Mitte des 16. Jahrhunderts. Eine lebhafte Farbgebung bringt das Haus gut zur Geltung.

Abb. 93 Diefenbach Sternenfelser Straße 13

Abb. 94

Abb. 95

Diefenbach – Sternenfelser Straße 13
Abb. 93 – 95

    Am Ende der Fußgängerzone Richtung Sternenfels überrascht auf der linken Seite ein gut erhaltenes Fachwerkhaus. Der Straßengiebel ist ungestört erhalten. Nur die Fenster im unteren Dachstock scheinen vergrößert. Über dem hohen Kellergeschoß steht der Fachwerkerdstock mit den Stichbalken vor. Die darauf liegende Schwelle ist profiliert und an der unteren Kante leicht gekehlt. Der Erdstock zeigt dem Steinbau nachempfundene Zierformen: Kräftige pilasterförmige Eckständer mit hoher Basis und schönem Kapitell stehen über Schwelle und Wandrähm vor. Kräftige Umrahmungen mit Ohrenprofilen betonen die Fenster. In ihren Brüstungen ausgewogene negative Rauten, auf den seitlichen Hölzern aufgesetzte senkrechte Klötze. Im unteren Dachstock dreimal der Fränkische Mann, im oberen nochmals plastische Umrahmung des kleinen Fensters mit vorstehendem Gewände. An der rechten Traufseite noch ein Fenstererker mit schön geschnitzten unteren Endungen. Die beiden Eckständer erhielten Inschriften. Links vierzeilig: Zim̅erman · Johann · Gottfried · Jacob Herk. Rechts fünfzeilig: 1755 · Johannes · Brüstle · und seine · Hausfrav · Christine.

Abb. 96

Abb. 97

Diefenbach – Brunnengasse 1
Abb. 96

Das gut instandgesetzte Haus zeigt Ähnlichkeiten mit dem Haus Sternenfelser Straße 13 von 1755. Auf dem massiven Erdgeschoß steht der Fachwerkoberstock mit sichtbaren Balkenköpfen und profilierter Schwelle. Um die Fenster profilierte Rahmungen. Die Fensterbrüstungen betonen aus profilierten Eckhölzern gebildete negative Rauten, seitlich mit aufgesetzten Klötzen. Zwischen den Fenstern bleibt nur Raum für steile Streben. Die pilasterförmigen Eckständer haben hohe Basen und schöne Kapitelle, dem Steinbau nachempfunden. Am rechten Ständer oben die Jahreszahl 1746. Der gute Eindruck könnte durch Sprossenteilung noch gesteigert werden.

Diefenbach – Freudensteiner Straße 3
Abb. 97

Das mächtige Fachwerkhaus mit auch erhalten gebliebenem Erdstock wirkt durch seine Größe. Alle Stockwerke haben z. T. tiefgreifende Veränderung erfahren. Der Oberstock hat noch einen kräftig vorstehenden Fenstererker. Dort ist an der Traufseite der weit überstehende Oberstock in späterer Zeit zusätzlich abgestützt worden. Eine Sprossenteilung statt der großen Scheiben in den Fenstern wäre vorteilhafter. Das große Haus ist wohl der ersten Hälfte des 17. Jahrhunderts zuzuordnen.

Rechts dahinter blieb als Haus **Freudensteiner Straße 5** ein weiteres Fachwerkgebäude erhalten, ebenfalls mit Fachwerkerdstock. Seine Zierformen sind Fenstererker, negative Rauten und die K-Strebe. Bei der Renovierung wurde die Jahreszahl 1674 in ein Zierband geschrieben.

Abb. 98 Dühren Karlsruher Straße 60

Abb. 99 Abb. 100

Dühren
westlicher Stadtteil von Sinsheim

Haus Karlsruher Straße 60
Abb. 98–100

Mit dem Giebel direkt an der verbreiterten Straße steht das gut instandgesetzte Haus mit zwei Fachwerkstöcken und zwei Dachstöcken. Die Fenster wurden teilweise vergrößert.

Von besonderem Reiz und hohem Wert sind zahlreiche Zierformen der Renaissance. Der Fenstererker rechts im Oberstock wird seitlich und unten von zierlichen Dreiviertelsäulchen mit Bandgeflecht gefaßt. Bei den Kopfknaggen des Fränkischen Mannes sind die Augen und Einkerbungen nicht ausgeputzt, sondern dezent farbig hervorgehoben. Dazwischen gerade Andreaskreuze und lange Streben. Die breiten kurzen senkrechten Hölzer unter dem Brustriegel der beiden Dachstöcke haben kreis- und apfelförmige Vertiefungen, die ebenfalls nur farbig betont sind.

An den Brust- und Eckständern verriegeln kurze Knaggen mit schönen Wulsten und Kehlen die auf ihnen überstehenden Längsrähme. Unter dem First noch eine geschnitzte Palmette mit Taubenloch. Ein bedeutendes Fachwerkhaus der zweiten Hälfte des 16. Jahrhunderts.

Dürrn

10 km südlich Bretten

Beidseits der langen Hauptstraße stehen vor allem an deren Nordseite zahlreiche sehenswerte Fachwerkhäuser, die Wohnhäuser früherer Bauerngehöfte. Die überwiegend einstöckigen Häuser mit ihren Giebeln zur Straße sind gepflegt und gut instandgesetzt. Das alte Bild wird durch die im Fachwerkstock und im unteren Dachstock vergrößerten Fenster mit großen Scheiben ohne Flügel- und Sprossenteilung beeinträchtigt.

Abb. 101

Dürrn – Pfarrhaus
Abb. 101/102

Hinter der Kirche steht das höher gelegene Pfarrhaus. Es beeindruckt durch die Größe und durch die Ausgewogenheit im Fachwerk mit wenigen sinnvoll eingesetzten Bildungen. Die K-Strebe, der Fränkische Mann, kurze Fußstreben, Andreaskreuze und gerundete negative Rauten. Über hohem Untergeschoß steht der Fachwerkoberstock mit kräftigem, beschriftetem linkem Eckständer. Die beiden Dachstöcke stehen über, die Balkenköpfe sind zwischen halbkreisförmigen Hölzern sichtbar. Der Krüppelwalm vor dem dritten Dachstock mindert die Gesamthöhe. Die behutsam vergrößerten Fenster fügen sich gut in das Gesamtbild. Die gute und zurückhaltende Farbgebung unterstreicht die vorbildliche Restaurierung.

Die Inschrift am Eckständer mit kleinem Dreiviertelstab und Schnitzwerk lautet: „Dießen Neuen Pfarrhauß bau Ließ die Gemeinde Allhier Er bauen und Durch dengeschickten Zimermañ Mattheis Hemerle Zu Oelbronn verfertiget und auf Gericht den 19. Junius 1750 unter Der damahligen vor Gesetzten sind gewesen Als Schultheis Johan Michael Arni Jacob Schwartz Anwalt Bürgermeister Jonas Klumpp deß gemrades Inrod Schäfer der Gemeinde".

Abb. 102 Pfarrhaus

Abb. 103 Hauptstraße 55

Abb. 104 Hauptstraße 55

Abb. 105 Hauptstraße 55

Dürrn – Haus Hauptstraße 55
Abb. 103–105

Schräg gegenüber steht eines der wenigen zweistöckigen Häuser. Über herausgezogenem Kellergeschoß springen alle Fachwerkstöcke zur Straße hin jeweils vor. Farbig herausgehobenes Blatt- und Rankenwerk mit gedrehten Dreiviertelsäulchen an den Eckständern und beidseits der alten Haustür sind besonderer Schmuck und Zierde. Diese Ausgestaltung und die durch geschnitzte Winkelhölzer geformten negativen Rauten, mit dem Steinbau nachempfundenen seitlichen Klötzen, verweisen in die erste Hälfte des 18. Jahrhunderts als Erbauungszeit.

Abb. 106 Hauptstraße 87/85/83

Dürrn – Hauptstraße 87, 85, 83
Abb. 106

Die **Häuser Hauptstraße** (in der Abb. 106 von rechts) **Nr. 87, 85, 83** usw. bilden eine sehenswerte Hausgruppe. Nr. 87 von 1756 mit Inschrift am rechten Eckständer (Abb. 107) „Johañ Wendel Schimpff und seine Haußfrau Añabarara Haben diß Hauß Erbauet im Jahr Christi 1756 und ist hergestellet worden durch den Zimermañ Johañes Kränckel den 8. Julius"

Haus Nr. 85 noch mit sichtbarer Fußbodendielung zwischen Stichbalken und Schwelle mit kräftig vorstehenden Dachstöcken. Lange profilierte Knaggen an den Eck- und Bundständern aus dem 16. Jahrhundert. Dahinter Nr. 83 aus späterer Zeit.

Abb. 107 Hauptstraße 87   Abb. 108 Hauptstraße 105

Dürrn – Haus Hauptstraße 105
Abb. 108

Bei diesem Haus aus der Mitte des 16. Jahrhunderts ist die Fußbodendielung zwischen den Balkenköpfen und den Giebelschwellen sichtbar. Das Giebeldreieck scheint ungestört. Die Ständer werden, wie für diese Zeit typisch, beidseits von kurzen Fußstreben gehalten.

Abb. 109 Elsenz Sinsheimer Straße 1

Abb. 110 Giebelseite   Abb. 111 Traufseite

Elsenz
nordwestlicher Stadtteil von Eppingen
Haus Sinsheimer Straße 1
Abb. 109–113

Am Beginn der Sinsheimer Straße, gegenüber der hochliegenden Kirche, steht ein weithin sichtbarer zweistöckiger Rähmbau von 1708. Vom Giebel aus breite Treppe abwärts zum gewölbten Hauptkeller mit zwei gewölbten Nischen beidseits am Vorplatz. Das über dem Keller an der Straße nur drei Stufen hochliegende Stockwerk war ursprünglich auch aus Fachwerk, wie der darüber liegende Oberstock. Es wurde wahrscheinlich 1851 massiv erneuert. Inschrift über der Eingangstür: 18 Jacob Neff 51.

Der Grundriss ist in drei Querstreifen und außermittig längs geteilt. Der Giebel kragt zweimal vor. Im Dachraum zweifach liegender Kehlbalkendachstuhl. Das Gefüge der beiden Schauseiten, Straßengiebel und Traufseite in der linken Hälfte, ist unverändert. Die abgefasten Balkenköpfe sind sichtbar, die Schwellen profiliert. Die Ständer und Streben sind für die Zeit der Erbauung sehr kräftig. Am mächtigen Straßeneckständer die Inschrift: H·W ·H·/1·7·08/· Eine neue Verstrebungsform wird für die 1. Hälfte des 18. Jahrhundert typisch. Auf der Fußstrebe sitzt über dem Brustriegel eine Kopfstrebe, die nach oben frei zum Rähm läuft, auch Gegenstrebe, oder nach der Form mit der unteren zusammen auch K-Strebe

Abb. 112 Elsenz Sinsheimer Straße 1

Abb. 113 Elsenz Sinsheimer Straße 1

genannt. Die Eckstube wird durch zwei Fenstererker betont. So auch das Kammerfenster im linken Giebelteil. Die Verdachungen sind beseitigt worden. In den Erkerbrüstungen „negative Rauten": Füllhölzer in Dreiecksform umfassen eine rautenförmige Putzfläche. In den Giebelstöcken noch schlanke, gebogene, kurze Bänder mit Nasen. Den drei Ständern des ersten Dachstockes sind Dreiviertelpfeilerchen vorgesetzt, deren Enden kräftig herausgeschnitzt sind. Über ihnen profilierte Gesimse. Auch die seitlichen Gewände der Erker sind ähnlich gestaltet. Die üblichen Konstruktionsformen im Außenwandgefüge des 18. Jahrhundert sind hier deutlich sichtbar, wenngleich Zierformen und Schnitzwerk beim Wiederaufbau anderer Häuser sehr selten werden.

Epfenbach
11 km nordöstlich Sinsheim
Heimatmuseum Kreisentalstraße 4
Abb. 114–117

Der Ort wurde schon im Dreißigjährigen Kriege, 1622, zerstört. Der Wiederaufbau erfolgte aber auch hier erst wie in den umliegenden Gemeinden, nach 1689.

Aus dieser Zeit ist ein bedeutendes Baudenkmal erhalten geblieben: Der Fronhof. Die Wohlhabenheit der Herrschaft zeigt sich in den reichen Formen der Fachwerkbaukunst. Das Gebäude steht mit der langen Traufseite am neugestalteten freien Platz. An den Westgiebel ist ein kleineres Gebäude angebaut. Über dem Kellergeschoß aus Natursteinen stehen zwei Fachwerkstöcke mit zweistöckigem Giebel. Alle Ebenen stehen jeweils über. Die Balkenköpfe bleiben sichtbar. Über ihnen gekerbte und profilierte Schwellen. An den Bundständern ist die Aufteilung der Hausfläche zu erkennen, wie üblich einmal längs in zwei ungleich breite Streifen und zweimal quer in drei Zonen geteilt. In beiden Stockwerken befindet sich der größte Raum an der Hausecke, durch große Fränkische Fenstererker noch hervorgehoben und sehr gut belichtet.

Die Fachwerkformen vom Anfang des 18. Jahrhunderts zieren harmonisch die Außenwände. Der Fränkische Mann im Giebeldreieck, die K-Streben an den Eckständern, Andreaskreuze und kurze Streben. Besonders hervorgehoben sind die Brüstungen der Fenstererker im Oberstock durch gebogene Rauten und satt ausgefüllt mit Andreaskreuzen über Rauten. Nicht bäuerlich derb, sondern fein profiliert sind die seitlichen Gewändehölzer, die Brüstungs- und Sturzhölzer mit Verdachung der Fenstererker. Am ebenfalls profilierten Eckständer des Oberstockes: P · Z · A · M · G 1718.

Die vor einigen Jahren durchgeführte Sanierung ist gelungen. Besonders hervorzuheben ist das behutsame Auswechseln der wenigen nicht mehr brauchbaren Hölzer und die Ergänzung der durch Abbeilen stark beschädigten Fenstererker. Der triste graue Anstrich des Holzwerks ist wahrscheinlich als der erste festgestellt worden. Es bleibt die Frage offen, ob ein freundlicherer, das Fachwerk besonders hervorhebender Ton der zahlreichen nachfolgenden Farbgebungen nicht entsprechender wäre.

Das vorbildlich aufgebaute und geordnete Heimatmuseum von Epfenbach füllt mit seinen Exponaten alle Räume des Hauses bis unter das Dach.

Abb. 114 Epfenbach Kreisentalstraße 4

Abb. 115　　　　　　　Epfenbach Kreisentalstraße 4　　　　　　　Abb. 116

Abb. 117 Epfenbach Kreisentalstraße 4

Abb. 118 Neidensteiner Straße 40

Abb. 119 Dimpfel 3

Epfenbach – Neidensteiner Straße 40 – Ecke Eschelbronner Straße
Abb. 118

Das Haus ist in gut gepflegtem Zustand. In Fachwerk erhalten blieben der Oberstock und das Giebeldreieck. Das massive Erdgeschoß stammt aus späterer Zeit. Sehr schön erscheint der Fränkische Mann mit ausgeputzten Augen in den Kopfwinkelhölzern, den Kopfknaggen. Das Gefüge ist wenig verändert. An der linken Giebel- und Traufseite sind mit geringem Abstand vom Eckständer die Reste von zwei abgebeilten Fenstererkern noch zu erkennen. Breite, profilierte Bohlen verkleiden die Balkenköpfe und Schwellen der Stockwerke. Der Fränkische Mann, die Lage der Andreaskreuze, die Bohlenverkleidungen und die kurzen Fußstrebenpaare sind die Formensprache der zweiten Hälfte des 17. Jahrhunderts.

Epfenbach – Haus Dimpfel 3
Abb. 119

Ein liebevoll instandgesetztes Haus. Ohne jegliche Zierformen wirkt das Haus durch die langen Fußstreben, die durchgehenden Brust- und Sturzriegel, den Überstand des Giebeldreiecks mit sichtbaren Stichbalkenköpfen und die profilierten Rähme und Schwellen des oberen Dachstocks. Alle Hölzer sind auffallend kräftig. Die neuen Fenster mit Sprossen fügen sich gut ein. Am rechten Eckständer ist in der Inschrift zwischen hausähnlichen Linien nur noch der Zahlenanfang 17 lesbar. Das Fachwerk dürfte in der ersten Hälfte des 18. Jahrhunderts errichtet worden sein.

Eppingen

In den Kriegen der vergangenen Jahrhunderte ist Eppingen weitgehend von Brandschatzungen verschont geblieben. Im pfälzischen Erbfolgekrieg ab 1689 wurden zahlreiche Städte und Dörfer, darunter Bruchsal, Bretten, Knittlingen, Wiesloch und Sinsheim zerstört. Nur die Stadt Eppingen und einige umliegende Ortschaften sind verschont geblieben, weil der Oberbefehlshaber der französischen Truppen Eppingen zu seinem Winterquartier ausersehen haben soll.

So blieben in der Altstadt bedeutende Fachwerkhäuser des Mittelalters und der Renaissance und nach der Stadterweiterung, der Brettener Vorstadt, auch hier Häuser der Renaissance und des Barock erhalten. Die Innenstadt um den Marktplatz ist mit ihren Bauten in großartigem Ensemble ein Fachwerkhaus-Freilichtmuseum. Eppingen ist der Höhepunkt jeder Fachwerkfahrt im Kraichgau.

Abb. 120 Kirchgasse 13

Abb. 121 Kirchgasse 13

Eppingen – Kirchgasse 13
Abb. 120/121

In einer Biegung der Kirchgasse Ecke Badgasse steht ein altes dreistöckiges Handwerkerhaus, von nur 9,20 x 6,20 m, mit dem Giebel über der Längsseite. Dadurch wurde der Dachraum größer und besser nutzbar. Der Nordgiebel ist an das Nachbarhaus angelehnt, West- und Osttraufseite und Südgiebel stehen frei. Das untere ebenerdige Stockwerk wurde massiv erneuert. Die Grundfläche der beiden Fachwerkoberstöcke ist außermittig in zwei Längsstreifen geteilt. Im schmaleren zum Nachbarn hin der Treppenflur, dahinter die Küche. In den ungleich breiten drei Querstreifen zum freistehenden Giebel hin Stuben und Kammern. Die Balken laufen parallel zum Giebel, also längs über den rechteckigen Grundriß. Der zweite Fachwerkoberstock kragt über den ersten Oberstock zum Straßengiebel und zur Osttraufseite kräftig vor, zum Giebel mit Stichgebälk, eineinhalb Balkenfeldbreiten lang. Lange Knaggen sichern die überstehenden Rähme an den Eck- und Bundständern. Der Fußboden beider Fachwerkoberstöcke ist zwischen Balkenköpfen und Schwelle sichtbar. Der dreistöckige Giebel steht bündig mit dem oberen Fachwerkstock. Die zwar abgebeilten aber noch erkennbaren Knaggen unter den verkürzten Bundrähmenden im oberen Stock und im Giebeldreieck sind Reste eines Schwebegiebels.

Im Außenwandgefüge wurden die Fensteröffnungen vergrößert. Das Traggerüst ist weitgehend erhalten. Die Eck- und fast alle Bundständer stehen auf dem sichtbaren Fußboden. Die Schwellen sind in die Ständer eingezapft. Lange Fußstreben, in die Schwellen eingezapft, blatten in die Eckständer unterhalb der Knaggen ein. Auch die Giebelständer unter dem Kehlbalkenrähm werden auf gleiche Weise gehalten. Nur blatten auch die unteren Strebenenden in die Dachgiebelschwelle ein und sichern so den Zusammenhalt zwischen dem Gefüge des Giebeldreiecks und der Giebelbalkenschwelle. Bis zu dem Brustriegel reichende Fußstreben verbinden in gleicher Weise Bundständer und Schwelle des Oberstocks. Im zweiten Dachstock die gebogene lange eingeblattete Strebe, die von der Schwelle über den Bundständer bis zum zweiten Kehlgebälk reicht. Form, Lage und Größe der noch nicht einander überblattenden Streben ermöglichen eine Datierung. Sie sind noch mittelalterlich.

Im unteren Dachstock des inzwischen sehr sanierungsbedürftigen Fachwerkhauses ist die Ladeluke mit gotischem Spitzbogen zugemauert worden. Darin ist farbig dargestellt die damals sensationelle artistische Leistung der Hauseigentümer Bossert. In den Jahren vor dem letzten Kriege vollführten sie erstmals mit ihrem Motorrad hoch auf dem Drahtseil den Salto.

Dieses Haus dürfte in der Mitte des 15. Jahrhunderts erbaut worden sein.

Eppingen – Kirchgasse 22
Abb. 122–124

Das Haus wurde vorbildlich restauriert. Auf massivem Erdgeschoß steht der erste Fachwerkstock, nach der Lage der Öffnungen verändert. Von der Straße aus gesehen stößt er links gegen eine dicke ältere Mauer. Der zweite Fachwerkstock sitzt auf der Mauer auf und kragt zur Straße kräftig vor. Darüber, bündig mit dem zweiten Fachwerkstock ein dreistöckiger Giebel. Vor diesem ein feingegliederter Schwebegiebel. Die Schwelle des vorkragenden zweiten Fachwerkstockes ruht nicht auf einem Stichgebälk, sondern auf den vorstehenden Längsrähmen. Sie ist zugleich der Giebelbalken und mit den Rähmen verkämmt. Die überstehenden Rähme sind durch Knaggen verriegelt. Der Dachgiebelbalken darüber ist zugleich Rähm des oberen Fachwerkstockes und Schwelle des Giebels. Der Bund- und die Eckständer des oberen Fachwerkstockes werden durch Kopfbänder und Fußstreben gesichert. Obwohl von verschiedener Länge, bilden sie den Schwäbischen Mann. Die Einfügung von eng gestellten Zwischenständern ist fränkische Art. Diese Hölzer sind in die Schwelle eingezapft, mit dem Brustriegel und dem Rähm jedoch verblattet. Der Aufbau dieses oberen Fachwerkstockes ist jedoch oberdeutsch, da nur die tragenden Elemente, die Eck- und der Bundständer mit der oberdeutschen Einzelverstrebung, und der Brustriegel

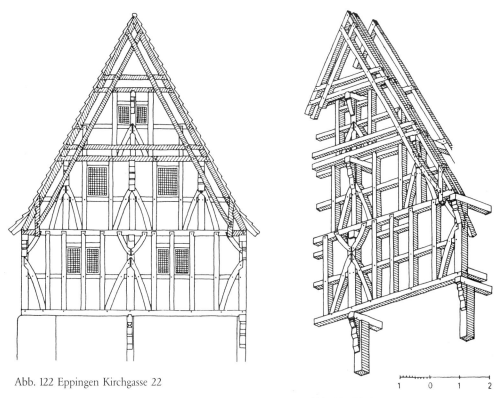

Abb. 122 Eppingen Kirchgasse 22

Abb. 123 Kirchgasse 22

zum Aufschlagen erforderlich sind. Die Zwischenständer mit eingezapften Fenstersturzriegeln wurden erst anschließend unten in die Zapfenlöcher eingesetzt und dann in die Blätter des Brustriegels und des Rähms geschlagen und durch Holznägel gesichert. Auch die Bundständer beider Giebelstöcke sind durch Fußstreben ausgesteift. Auch hier sind die Rähme, die den Schwebegiebel tragen, mit Knaggen verriegelt. Der Schwebegiebel, auch Freigespärre genannt, ist an mittelalterlichen Häusern um 1450 in Mosbach nachweisbar. Wie dort, sind auch hier sämtliche Hölzer des Dachwerks miteinander verblattet. Der dreifach stehende Kehlbalkendachstuhl hat ebenfalls zur Sicherung der Stuhlsäule unter dem die Kehlbalken tragenden Rähm die durchgehende, Balken, Stuhlsäule und Kehlbalken überblattende Strebe. Lange, mittelalterlich steile Kopfstreben übernehmen die Längsaussteifung. Eine ungewöhnliche Konstruktion zeigt die Ausbildung des Sparrenfußpunktes. Wohl wird der Sparren schon in den Balken eingezapft, doch sitzt er vorn mit dem Balken bündig, so daß das statisch wichtige Vorholz fehlt. Da die Sparren aber steil stehen (ca. 65 Grad) ist die Schubkraft gering. Die Hauptträger der Sparrenlast sind die Blätter der Kehlbalken und Hahnenbalken. Die oberen Sparrenenden sind durch Scherzapfen verbunden.

Der Grundriß des Hauses ist mittig längs und in drei Querstreifen geteilt. Die Wände stehen in allen Stockwerken noch übereinander. Nach den Einzelverbindungen ist dieses Haus um 1450 erbaut worden. Die dem Steinbau entlehnten gotischen Schnitzereien an dem Unterzug einer Bohlenbalkendecke im ersten Fachwerkstock bekräftigen diese Annahme.

Abb. 124 Eppingen Kirchgasse 22

Abb. 125 Eppingen Kirchgasse 31

Eppingen – Kirchgasse 31, Baumannsches Haus
Abb. 125–131

In der Altstadt von Eppingen stehen auf engem Raum zahlreiche bedeutende und hervorragend instandgesetzte ältere Bürgerhäuser. Das eindrucksvollste ist das Baumannsche Haus von 1582, 11,57 m breit, 14,27 m lang und am Giebel zur Straße 18,40 m hoch. Der Name stammt wahrscheinlich von einem Zwischeneigentümer. Es wechselte mehrfach den Besitzer und die Nutzung. Wahrscheinlich Wohn- und Handelshaus, Gasthaus und Herberge, seit 1913 Eigentum der Stadt Eppingen.

Dieses großartige Haus steht beherrschend mit dem hochaufragenden Ostgiebel und der südlichen Traufseite an der Ecke Altstadtstraße und Kirchgasse. Der massive Unterbau mit abgeschrägter Straßenecke umfaßt zwei Geschosse. Das Kellergeschoß mit großem gewölbten Keller und freiliegendem zweiflügeligem Tor im Südgiebel liegt rückwärts im Hang. Darüber das Erdgeschoß mit Eingang an der südlichen Traufseite in der stark ansteigenden Kirchgasse. Es enthielt Treppenflur, Ställe, Schlachtraum, Vorratskammer und Geräteraum in unterschiedlichen Ebenen. Darüber zwei Stockwerke in Fachwerk, wobei das obere nach den beiden Straßenseiten und der Giebel noch dreimal überkragt. Im Dachwerk zweifach liegender Kehlbalkendachstuhl, beide Kehlbalkenlagen mittig durch Unterzüge gestützt.

Trotz der Veränderungen ist die ursprüngliche Grundrißaufteilung an den Bundständern noch erkennbar. Alle drei Stockwerke waren mittig längsgeteilt. Im mittleren der drei Querstreifen, der etwa nur halb so breit war wie die äußeren Streifen, im südlichen Teil zur Straße hin, die einläufige steile Treppe mit dreiecksförmigen aufgesattelten Blockstufen und im nördlichen die Küche. In den äußeren Querstreifen Wohn- und Schlafräume, deren Bedeutung durch Fenstererker an der Straßenecke betont wird. Im unteren Dachstock noch Stuben und Kammern, darüber Speicher.

Der Erbauer muß ein sehr wohlhabender und kunstverständiger Handelsherr, Kaufmann oder Wirt gewesen sein. An den beiden „Schauseiten" zur Straße hin, dem Ostgiebel und der südlichen Traufseite, wurde der ganze Formenreichtum der Steinarchitektur der Renaissance im letzten Viertel des 16. Jahrhunderts in den Holzbau übertragen und mit eigenen Ideen ergänzt. Vor allem die Fenstererker und Bundständer des Giebels sind von Schnitzwerk überwuchert. Viertelstäbe mit Voluten und vielfachen Mustern, Flecht- und Bandwerk, Rosetten, Palmetten, profilierte Bohlen und Knaggen, gebogene Bänder und kleine Andreaskreuze unter dem Brustriegel mit ausgeputzten Augen. Rähme und Giebelsparren zeigen kräftige Profilierungen und betonen die einzelnen Stockwerke.

Das Formenspiel der zahlreichen Hölzer verdrängt die Konstruktion. Der Fränkische Mann, lange Strebe und Kopfknagge, sichert die Bund- und Eckständer. Vielfach erscheinen die steilen Andreaskreuze zwischen Brustriegel und Rähm. Die formenreichen Zierhölzer unter dem Brustriegel sind konstruktiv unbedeutend. Mit den kräftigen Vorsprüngen vom oberen Stockwerk und dem Giebeldreieck sind die Rähme vorgezogen und werden durch Konsolen gestützt.

Statt des einfarbigen roten Anstrichs der Hölzer würden die Zierformen und das kunstvolle Schnitzwerk, behutsam farbig hervorgehoben, die Wirkung des wunderbaren Hauses noch steigern.

Dieses weithin bekannte Gebäude ist das eindrucksvollste und bedeutendste Bürgerhaus zwischen Schwarzwald und Odenwald, eines der schönsten Renaissance-Fachwerkhäuser Süddeutschlands.

Abb. 126 Eppingen Kirchgasse 31

Abb. 127 Eppingen Kirchgasse 31

Abb. 128 Eppingen Kirchgasse 31

Abb. 129 Eppingen Kirchgasse 31

Abb. 130 Kirchgasse 31

Abb. 131 Kirchgasse 31

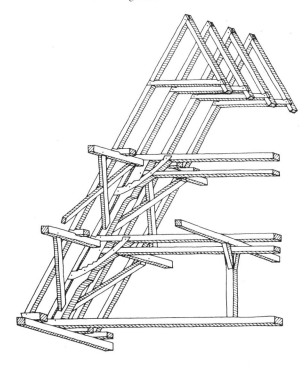

Abb. 132 Eppingen
Fleischgasse 2 Dachstuhl

Abb. 133 Altstadtstraße 36 Abb. 134

Eppingen – Altstadtstraße 36
Abb. 133/134

Dem Baumann'schen Hause gegenüber wird das Fachwerkhaus z. Zt. gründlich instandgesetzt. Die Abbildung zeigt den vorherigen Zustand.

Wie an der rechten Traufseite noch erkennbar, war das Erdgeschoß auch als Fachwerk erbaut. Das Gefüge der beiden darüber stehenden Fachwerkstöcke ist stark gestört. In den drei Dachstöcken ist vieles noch ursprünglich. Im Giebel stehen alle Stockwerke bündig, an der Traufseite stehen sie über. Die Balkenköpfe sind sichtbar. In der Traufseite, an den Eckständer angelehnt, alemannische Fenstererker. Das mittelalterliche Haus dürfte in der Mitte des 15. Jahrhunderts erbaut worden sein.

Abb. 135   Abb. 136

Eppingen – Altstadtstraße 34/34a
Abb. 135/136

Ein gut erhaltenes Ackerbürgerhaus der Renaissance aus der zweiten Hälfte des 16. Jahrhunderts. Die einfacheren Zierformen beschränken sich auf die geschweiften und geraden Andreaskreuze in den Fensterbrüstungen. Die Schwellen der einzelnen Stockwerke sind profiliert, die Eckständer stehen auf den Balken. Alle Stockwerke springen vor. In den Dachstöcken zwei Ladeluken. Das Fachwerk ist behutsam farbig hervorgehoben.

Abb. 137

Eppingen – Altstadtstraße 32
Abb. 137

Erst in jüngster Zeit hat der Eigentümer dieses kleine verputzte Haus mit der kurzen Traufseite zur Altstadtstraße saniert. Zutage kam ein stark oberdeutsch gegliedertes Fachwerk mit weiten Ständerabständen. Die Waagerechte wird von den ringsum laufenden Brustriegeln betont. Einzige Zierformen sind die notwendigen kurzen Fußstreben, im unteren Dachstock am mittigen Bundständer von Kopf- und Fußstreben zum Schwäbischen Mann gebildet. Seitlich an den Bundständern steile lange Streben, die den Ständer überblatten und an beiden Enden in die Schwelle und den Giebelkehlbalken einblatten. Diese mittelalterliche Verstrebungsform ist in Esslingen schon 1267 nachweisbar. Die im späten Mittelalter bereits selten gewordene Einblattung der Streben am unteren Ende ist hier noch zu sehen.

Die Stockwerke des Giebels stehen bei diesem einfachen Hause nicht über. Lange Stichbalken sind zur Hausecke hin bündig sichtbar. Gut beraten, hat der Eigentümer einen Teil der alten brauchbaren Hölzer an Ort und Stelle erhalten und die ergänzten Hölzer den vorherigen sorgfältig angepaßt. Die dendrochronologische Untersuchung ergab das Jahr 1466.

Eppingen – Fleischgasse 2
Abb. 138–141 u. 132

Das große eindrucksvolle Gebäude mit etwa 12 m Giebelbreite, 16.50 m Trauflänge und einer Höhe von 22.50 m wird Alte Universität genannt, weil in der Pestzeit des Jahres 1564 Teile der Heidelberger Universität hier untergebracht waren. Es ist eines der bedeutendsten Fachwerkhäuser um 1500 im Kraichgau. Das Erdgeschoß ist als dreischiffige Halle wieder hergestellt. Doppelte längslaufende Unterzüge tragen die sichtbare Holzbalkendecke. An den sie unterstützenden Säulen lange steile z. T. eingeblattete Kopfstreben. Der Dielenfußboden war außen sichtbar. Darauf die Bund- und Eckständer. Steile lange und in die Eck- und Bundständer sägezahnartig einblattende Streben bilden eine Verstrebungsform, die um 1500 wieder verschwunden ist. Steile Andreaskreuze an den Bundständern. Sämtliche Ständer des oberen Giebelstocks und die Zwischenständer des unteren sind einzeln durch kurze Fußstreben gehalten. Im Kehlbalkendach zweimal übereinander liegender Stuhl, darüber ein Hahnenbalken. Die Längsaussteifung zwischen den am oberen Ende kräftig verstärkten liegenden Stuhlsäulen und den Rähmen bilden im unteren Dachstock lange eingeblattete Kopfstreben, die sich im oberen Dachstock überkreuzen.

Das Fachwerkgebäude ist 1495 errichtet worden. Tiefgreifende Veränderungen wurden vor allem 1734 bis 1749 in der Nutzung und durch den Einbau der großen barocken Fenster vorgenommen.

Das der Stadt Eppingen gehörende Gebäude wurde instandgesetzt mit dem Ziel, die ursprüngliche Gliederung im Außenwandgefüge wieder herzustellen. Unter einer riesigen Folienschutzhaube wurde einige Jahre bis 1987 „saniert". Aus der Alten Universität ist eine neue Universität geworden. Im Giebel sind noch drei Ladeluken und im ersten Fachwerkstock Fenstererkerreihungen eingefügt. Im Außenwandgefüge des Giebels und der Traufseite wurden keine alten Hölzer wiederverwendet, alles fein neu gemacht. Angeblich waren sämtliche Hölzer morsch, nicht mehr tragfähig und nicht erneut zu verwenden. Auch im Innern blieb nur ein Teil der Balken und des Dachwerks erhalten.

Der gewohnte Anblick eines harmonischen Gebäudes mit seinem leicht durchhängenden First und mit all seinen Veränderungen vor 1984 mußte einem leblos und starr wirkenden Baukörper weichen, der heute im Fachwerk von Eppingen als Fremdling wirkt. Eine Sanierung, des Nachdenkens wert.

In den beiden Fachwerkstöcken und dem unteren Dachstock ist das Eppinger Heimatmuseum untergebracht.

Abb. 138　　　　　　　　Eppingen Fleischgasse 2　　　　　　　　Abb. 139

Abb. 140 Nach der Sanierung

Abb. 141 Vor der Sanierung

Abb. 142

Eppingen – Altstadtstraße 22
Abb. 142

Auf der anderen Straßenseite, unweit gegenüber dem Haus Altstadtstraße 11, steht ein dreistöckiges Haus mit ähnlichen Verstrebungsformen, doch wirkt das Fachwerk schlanker, zierlicher. Auch hier der Fränkische Mann und kurze Fußstreben mit ausgeputzten Augen. Schräge Fußbänder in beiden Dachstöcken zeigen große fischblasenähnliche Ausputzungen im vollen Holz. Der zweite Fachwerkoberstock steht bündig auf dem ersten. Der untere

Dachstock mit sichtbaren Balkenköpfen kragt noch kräftig vor. Beim weniger vorstehenden zweiten und dritten Dachstock sind den Giebelsparren und Balkenköpfen schlanke profilierte Bohlen vorgesetzt. Eine Besonderheit ist das Schnitzwerk am linken Eckständer des oberen Fachwerkstockes. Behutsam farbig herausgehoben sind unter gekreuzten Schlüsseln zwei Delphinen ähnliche Fabeltiere zu erkennen, die ein rotes Herz umfassen. Das gut erhaltene Haus ist um 1580 erbaut.

Abb. 143

Abb. 144

Eppingen – Altstadtstraße 11
Abb. 143/144

Aus der zweiten Hälfte des 16. Jahrhunderts sind in der Altstadt einige beachtenswerte Häuser erhalten, von denen das großartige Baumannsche Haus, Kirchgasse 31, das bedeutendste ist. Das Haus Altstadtstraße 11 zeigt an den unmittelbar auf den Gratstichbalken stehenden Eckständern noch oberdeutschen Einfluß. Die Verstrebungsformen, von kräftigen Hölzern gebildet, sind aber fränkisch. In geschlossenen Wandflächen der Fränkische Mann, unter den Fenstern kleine Fußstreben oder Fußknaggen, wie die Kopfknagge mit Kehlungen und ausgeputzten Augen. Vereinzelt auch freistehend kleine Stiele mit bauchiger balusterartiger Form. Diese Verstrebungsformen, angelehnt an Formen des Steinbaues, erlangen wenige Jahre später am Baumannschen Haus 1582 ihre Vollendung. Dieses Haus Altstadtstraße 11 ist um 1560/70 zu datieren.

Abb. 145

Eppingen – Altstadtstraße 5
Abb. 145

Es muß ein eindrucksvolles, wenn auch kleines Haus gewesen sein, dessen Westtraufseite, durch schmalen Ehgraben getrennt, dicht am Nachbarhaus stand. Das massive Kellergeschoß ist an der Altstadtgasse weit herausgezogen und schiebt sich rückwärts in den ansteigenden Hang. Darüber standen, wie in der Altstadt üblich, drei Fachwerkstöcke mit steilem Giebel zur Straße. Jedes Stockwerk kragte zur Straße und an der Ostseite zum Hof kräftig vor.

Um die letzte Jahrhundertwende sollen das Giebeldach und der oberste Fachwerkstock wegen Baufälligkeit abgetragen und das Walmdach aufgesetzt worden sein. Das erhaltene Außenwandgefüge des älteren Teils an der Straße ist ein frühes Beispiel mittelalterlich-oberdeutscher Konstruktion. Die Bund- und Eckständer mit eingeblatteten Fußbändern stehen auf dem sichtbaren Dielenfußboden. Keine Zwischenständer. An der Straßenseite noch doppeltes Rähm, an der Längsseite Bohlenwandreste. Die ursprüngliche Fensterbildung blieb nicht erhalten. Bei späteren Umbauten wurden große, störende Öffnungen eingebaut. Die Jahreszahl am Eckständer des unteren Fachwerkstockes – 1388 – ist nicht zutreffend. Die dendrochronologische Untersuchung ergab 1483.

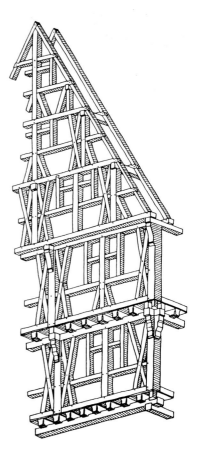

Abb. 146　　　Eppingen Kettengasse 9　　　Abb. 147
　　　　　　　Rekonstruktion des Giebels

Eppingen – Kettengasse 9, Ecke Zunftgasse
Abb. 146–150

Die Öffnungen des hochliegenden Untergeschosses aus Kalkstein wurden mehrfach verändert. An der Giebelseite im Gewände des Kellerabgangs die Jahreszahl 1488. Sie ist das Erbauungsdatum. Darüber zwei Fachwerkstöcke, der obere dreiseitig vorgekragt, und dreistöckiger Giebel aus gleicher Zeit. Die Grundfläche des kleinen Hauses von 9,10 m Giebelbreite und nur 8,30 m Trauflänge ist außermittig zweimal längs und einmal quer geteilt. Die Wände wurden zum Teil verändert. Der Südgiebel der Straßenseite ist gut erhalten. Die Öffnungen der zwei Fachwerkstöcke ließen sich rekonstruieren. Über den engen Balkenlagen der Fachwerkstöcke ist der Dielenfußboden sichtbar. Die starken Eck- und Bundständer stehen unmittelbar darauf. Die dazwischen liegenden Schwellen sind eingezapft. Die außen überstehenden Rähmenden sind durch Knaggen verriegelt. Im unteren Fachwerkstock ein Bundständer, im darüber liegenden zwei mit ungleichen Abständen. Die Grundfläche war also der unterschiedlichen Nutzung entsprechend ungleich aufgeteilt. Die senkrechten Hölzer sind fast ausnahmslos in die Schwelle und das Rähm eingezapft. Neu ist die Verstrebung der Außenwände durch steile Andreaskreuze, die einander überblatten und an die Bundständer dicht herangerückt sind. Die Giebelsparren sind mit den Giebelkehlbalken und Riegeln noch verblattet. An den Sparrenenden unten Zapfen, oben Scherzapfen.

Das Kehlbalkendach ist dem des Esslinger Rathauses sehr ähnlich. Über dem liegenden Stuhl ein stehender Stuhl. Im unteren Dachstock sichern lange Kopfstreben den Längsverband und unterstützen die Rähme. Bundkehlbalken, Spannriegel, liegende Stuhlsäule und Bundsparren werden durch ein eingeblattetes Kopfband zusammengehalten. Im oberen Dachstock die lange, vom unteren Bundkehlbalken über die senkrechte Stuhlsäule zum oberen Kehlbalken laufende eingeblattete Strebe und versetzt angeordnete eingeblattete Kopfbänder. Dieses Haus ist ein typisches Beispiel für das letzte Viertel des 15. Jahrhunderts und die hier beginnende Übergangszeit vom Mittelalter zur Neuzeit.

Noch bleibt der oberdeutsche Einfluß im sichtbaren Dielenfußboden, den darauf stehenden Eck- und Bundständern und den im behandelten Raum selten zu findenden engen Balkenabständen. Aber die Fränkischen Bildungen setzen sich immer mehr durch. Noch bleiben die Wandverstrebungen an den Eck- und Bundständern. An den durch die Öffnungsbildung bedingten Zwischenständern erst vereinzelt kleine Fußstreben. Aber die steilen Andreaskreuze zwischen Schwelle und Rähm als neue Verstrebungsformen fassen die Eck- und Bundständer nicht mehr. An sie angelehnt, sichern sie unmittelbar die Wand gegen Verschieben. Die leichter auszuführende Verzapfung hat die Verblattung auf wenige stark beanspruchte Holzverbindungen verdrängt.

Abb. 148 Kettengasse 9

Abb. 149 Kettengasse 9

Abb. 150 Kellerabgang

Abb. 151 Eppingen Marktplatz 2 Dachstock

Eppingen – Marktplatz 2
Abb. 151

Am Marktplatz, Ecke Brettener Straße, steht ein großes Bürgerhaus mit dem Giebel zum Platz. Über dem massiven Erdgeschoß zwei jeweils gering überstehende Fachwerkstöcke. Der Giebel mit zwei Dachstöcken ist über dem Hahnenbalken abgewalmt. Im einfachen Fachwerk der Traufseite nur wenige wandhohe gerade Streben.

Die weithin sichtbare Giebelseite am Marktplatz ist die „Schauseite" des Gebäudes. Die Balken, Kehlbalken und die Giebelsparren sind mit profilierten Bohlen verkleidet und rahmen Stockwerke und Giebel. Alle Verstrebungsformen der zweiten Hälfte des 16. Jahrhunderts sind zu erkennen: In den Fachwerkoberstöcken der Fränkische Mann mit leicht gebogenen Streben und Knaggen mit Augen. Unter den Fenstern geschweifte Andreaskreuze. Im unteren Dachstock neben dem Mann unter den Speicheröffnungen kleine gekehlte Fußstreben mit Augen, seitlich geschweifte Bänder mit Nasen. Im oberen Dachstock über dem Brustriegel steile Andreaskreuze. Besondere Zierformen sind in die Brüstungen zwischen den Bundständern des oberen Dachstocks eingefügt: Andreaskreuze über gebogenen Rauten, eingesetzte senkrechte Stiele und Kreisteile mit im Vollholz ausgeputzten Fischblasen und Blattformen. Die Bundpfosten sind mit Flechtwerk bedeckt. Da das Schnitzwerk unter dem Krüppelwalm fein farbig hervorgehoben wurde, ist es auch von unten, vom Marktplatz, klar erkennbar. Dieses mächtige Haus eines wohlhabenden Bürgers wurde 1588 erbaut.

Abb. 152 Eppingen
Abb. 153 Brettener Straße 10

Eppingen – Brettener Straße 10
Abb. 152/153

Vor wenigen Jahren wurde das Fachwerk des verputzten Hauses freigelegt und sehr gut instandgesetzt.

Die vergrößerten Fenster mit Sprossen sind gut eingefügt. Alle Stockwerke stehen über, die Balkenköpfe sind sichtbar. Oben an den Eck- und Bundständern, die teilweise noch auf den Balkenköpfen stehen, schöne Konsolen mit Wulst und Kehle. Im Oberstock der Fränkische Mann und kurze Fußstreben. Das Giebeldreieck ist reich verziert. Unten in den Brüstungen geschweifte Andreaskreuze mit Nasen und ausgeputzten Augen und ähnlich gebildete Fußstreben. Darüber nochmals als Steigerung vier sich kreuzende Diagonalhölzer mit gleichen Zierformen. An der Steinkonsole unten in der Mitte des Hauses die für das Fachwerk nicht zutreffende Jahreszahl 1645. Es blieb hier ein weiteres gutes Beispiel der Renaissance aus der zweiten Hälfte des 16. Jahrhunderts in Eppingen erhalten.

Eppingen – Brettener Straße 32
Abb. 154

Weiter von der Altstadt entfernt steht ein mächtiges Haus, dessen Fachwerkgiebel mit Krüppelwalm bei der gut durchgeführten Wiederherstellung des Gebäudes erhalten blieb.

Die Fachwerkstöcke springen vor. Die Balkenköpfe in den beiden unteren sichtbar, in den oberen verkleidet. In den veränderten Fachwerkoberstöcken sind die Sprossenfenster gut eingefügt. Die Aussteifung übernehmen der Fränkische Mann, kurze und lange Fußstreben. Zur Nutzung der Speicherräume in den Dachstöcken große zugemauerte Ladeluken. Keine weiteren Zierformen. Ein prächtiges Fachwerkhaus aus der Mitte des 16. Jahrhundert.

Abb. 154 Brettener Straße 32   Abb. 155 Leiergasse 9

Eppingen – Leiergasse 9
Abb. 155/156

In der Leiergasse steht ein eindrucksvolles Ackerbürgerhaus, dessen Fachwerkgefüge im Erd- und Oberstock bei der Vergrößerung der Fenster verändert wurde. Das Traggerüst blieb weitgehend erhalten. Die Bund- und Eckständer stehen noch auf den Balkenköpfen. Die Fachwerkstöcke stehen jeweils über. Die Balkenköpfe sind sichtbar. Im obersten Dachstock sind sie und die oberen Sparrenenden von profilierten Bohlen bedeckt.

Besonders reizvoll ist das Fachwerk im Giebeldreieck. Einfühlsam sind im unteren Dachstock die Sprossenfenster vergrößert. Die Formen der Renaissance bilden das reiche Fachwerk des dreistöckigen Giebeldreiecks: Im unteren Stock der Fränkische Mann an den Bundständern. In allen Stöcken in den Brüstungen unterhalb der Fenster geschweifte Fußbänder und kleine senkrechte Stiele, ausgekehlt und mit ausgeputzten Augen. Unter dem First noch schön geformte Konsole. Ein sehenswertes Haus aus der zweiten Hälfte des 16. Jahrhunderts.

Eppingen – Metzgergasse 7a
Abb. 157/158

In der engen Gasse sind an diesem Haus zur Vergrößerung der Wohnfläche erkerartige Fachwerkstöcke weit über das massive Erdgeschoß, von kräftigen Konsolen gestützt, herausgezogen. Die Ecke des oberen Stockwerks ist in seltener Schönheit mit Zierformen der Renaissance geradezu überladen. Im Fränkischen Fenstererker werden die Eckfenster von Dreiviertelstäben mit Flecht- und Bandwerk gerahmt. Reich gezierte, geschweifte Andreaskreuze mit plastisch ausgeputzten Augen zieren die Brüstungen. Das Ganze ist farbig gut herausgehoben. Ein Kleinod aus der zweiten Hälfte des 16. Jahrhunderts, etwas beeinträchtigt durch die sprossenlosen einscheibigen Fenster.

Abb. 156 Leiergasse 9

Abb. 157 Metzgergasse 7a

Abb. 158 Eppingen Metzgergasse 7a

Abb. 159 St. Petersgasse 3   Abb. 160 St. Petersgasse 3

Eppingen – St. Petersgasse 3
Abb. 159–161

Etwa 15 m südlich vom Marktplatz steht in der Petersgasse das Fachwerkhaus eines Kaufmanns von 1552. Über dem tief liegenden Keller drei Fachwerkstöcke, die an der Traufseite, zur Gasse hin, kräftig vorkragen. Dieses Gebäude ist von besonderer Bedeutung, weil im Erdstock neben der Einfahrt in der nördlichen Hälfte drei Ladenöffnungen und der Hauseingang aus der Erbauungszeit erhalten sind. Die die Öffnungen sichernden Läden sind nicht mehr vorhanden. Kräftige Ständer stehen beidseits der Öffnungen auf dem Steinsockel und tragen zusammen mit kleinen Knaggen das Sturzrähm. In den Oberstöcken stehen die Eck- und Bundständer auf den schmaleren Bundbalken. Die vorstehenden Bundrähme im mittleren und die Bundbalken im oberen Stock werden von kurzen, durch Wulste und Kehlen gezierte Knaggen gefaßt. Als Verstrebungsfiguren im mittleren Stock an den Bundständern der „halbe Mann", das Andreaskreuz über und unter dem Brustriegel, kurze gebogene Fußstreben, sowie gerade und geschwungene Andreaskreuze in den Brüstungen. Im oberen Stock gerade wandhohe Streben. Am Hauseingang breites kräftiges Türgewände mit Kehlungen und gedrehten Wulsten. Im ausladenden Türfries die Inschrift: Melcher Seuther · Anno Domini · und im Sturzbalken mit eselsrückenähnlichem Ausschnitt zwischen Spiralen die Jahreszahl · 1 · 5 · 5 · 2 ·. Die Haustür stammt aus späterer Zeit.

Abb. 161 Eppingen St. Petersgasse 3

Abb. 162

Eppingen – St. Petersgasse 6 und 8
Abb. 162

Mit der Vielzahl der Fachwerkhäuser der Gasse bilden diese beiden Häuser aus dem 16. Jahrhundert mit ihren Nachbarn ein geschlossenes Fachwerkensemble im unteren Teil der Gasse. Im Sturzholz, über dem Eingang, noch der mittelalterliche „Eselsrücken". Leider sind beim Haus Nr. 6 die Sprossenfenster durch ganze Scheiben ersetzt worden.

Abb. 163 Straßengiebel   Abb. 164 Eingang

Eschelbach
westlicher Stadtteil von Sinsheim

Rathaus
Abb. 163/164

Das in den letzten Jahrzehnten als Rathaus genutzte große Gebäude wurde nach dem Wappen und der Inschrift über dem Giebeleingang von „Friedrich von Vimo zum Hirschen zu Zwingenberg 1593" erbaut. Es ist beispielhaft instandgesetzt.

Über dem verputzten massiven Erdgeschoß ein großer Fachwerkoberstock. Darüber, wenig überstehend, ein riesiger dreistöckiger Giebel. Die Balkenköpfe vom Ober- und ersten Dachstock sind sichtbar. Die Vergrößerung der Fenster im Oberstock wurde behutsam durchgeführt, das Wandgefüge wenig gestört. Über dem unteren und mittleren Dachstock noch Wetterdächer. Die Wandrähme wurden in allen Stockwerken zur Lastaufnahme verdoppelt. Unter der Giebelspitze eine kräftige Konsole mit kleiner Verdachung.

Zierformen dieser Renaissance-Zeit sind vor allem schlanke geschweifte Andreaskreuze mit Nasen und ausgeputzten Augen. Unter den Brüstungen im Oberstock kurze senkrechte Hölzer, die durch gekurvte Ausputzungen mit Mittelauge sehr schlank wirken. Das gesamte Gebäude ist ein bedeutendes Baudenkmal.

Abb. 165 Straßengiebel Abb. 166 Straßengiebel

Freudenstein
Stadtteil von Knittlingen

Rathaus – Maulbronner Straße 1
Abb. 165/166

An der platzartigen Erweiterung der Straße steht das für den kleinen Ort beachtlich große Rathaus. Den guten Gesamteindruck würden Fenster mit Sprossen erheblich steigern.

Sorgfältig und behutsam wurde das Fachwerk des Giebels saniert. Der Fachwerkoberstock hat einige Veränderungen erfahren. Erhalten geblieben sind der sichtbare Fußboden und die Bund- und Eckständer. Ihre Konsolen halten die darauf liegenden Rähme der Trauf- und inneren Längswände. Die gerade und schräg angeordneten Stabbündel an den linken Ständern sind noch mittelalterlich. Am mittleren und rechten weisen Wulste, Blatt und Kehlen in die Renaissance. Rechts war ursprünglich ein Fenstererker.

Beide Dachstöcke stehen mit sichtbaren Balkenköpfen vor. Bei den Kopfwinkelhölzern im unteren Dachstock sind die Augen und Ausbuchtungen nicht ausgeputzt, sondern durch Farbe hervorgehoben. Im unteren Dachstock, ganz außen, zwei Andreaskreuze, die ohne ausgeputzte Augen schwer erkennbar sind. Das Rathaus kann der ersten Hälfte des 16. Jahrhunderts zugeordnet werden.

Schräg gegenüber, **Maulbronner Straße 4,** sehen wir ein kleines, doch bedeutsames Fachwerkhaus. Es wurde erst in den fünfziger Jahren verputzt. Die noch sichtbare Konsolform des linken Eckständers mit schrägen Stabbündeln und die Dachkonstruktion datieren das Haus in die Mitte des 15. Jahrhunderts. Es ist wert, auch mit verhältnismäßig hohen Kosten der Nachwelt dieses bedeutende Baudenkmal zu erhalten.

Abb. 167 Rentamt   Abb. 168 Rentamt

Gemmingen
7 km nordöstlich Eppingen

Von Gemmingensches Rentamt – Stettener Straße 2
Abb. 167/168

Das eindrucksvolle Gebäude, einst Teil einer großen Gutsanlage, steht mit dem Giebel zur heutigen Straße. Dort ist die Einfahrt ins herausragende Kellergeschoß. Im Gewände steht die Jahreszahl 1618. Darüber das hohe Erdgeschoß mit in der Barockzeit vergrößerten Fenstern. Am darauf stehenden Fachwerkoberstock mit Mauerschwelle und sichtbaren Balkenköpfen und den Dachstöcken darüber sind zwei Bauabschnitte erkennbar. Aus der Bauzeit von 1618 blieb das Giebeldreieck erhalten. In der Barockzeit wurde das ganze Gebäude längs um eine Fensterachsenbreite, links im Giebel erkennbar, erweitert. Dabei ist das Gefüge des Fachwerkstocks im Zusammenhang mit dem Einbau der vergrößerten Fenster stark verändert worden. Die Renaissanceformen wurden durch die barocken K-Streben ersetzt. Zugleich erfolgte 1717 der Einbau des wertvollen prächtig gestalteten Portals an der Traufseite, dessen oberer Aufsatz über die Fachwerkschwelle hinausreicht.

Die drei jeweils wenig überstehenden Dachstöcke von 1618 blieben erhalten. Sehr ausgewogen eingesetzt der Fränkische Mann mit ausgeputzten Augen. Andreaskreuze über eingezogenen Rauten, gebogene und geschwungene kurze Streben mit Nasen, geschweifte Andreaskreuze und Fußstreben bis zum Sturzriegel. Ein heiterer Rahmen um die Ladeluken in den beiden Dachstöcken. In diesem Giebel sind zwei Bauabschnitte mit der Grundrißverbreiterung gut aufeinander abgestimmt.

Abb. 169 Stettener Straße 1   Abb. 170 Stettener Straße 1

Gemmingen – Stettener Straße 1
Abb. 169/170

Auf der anderen Seite der Stettener Straße, ebenfalls mit dem Giebel zur heutigen Straße, steht das Stallgebäude mit Zehntscheuer von der ehemaligen großen Gutsanlage.

Der Fachwerkgiebel überzeugt durch die sparsame sinnvolle Verwendung der Hölzer. Alle drei Stockwerke stehen bündig. Über den beiden unteren durchgehende Wetterdächer, über dem oberen ein Krüppelwalm. Die Brust- und Sturzriegel gehen durch, lange Streben und K-Strebe sichern das Gefüge. Im Jahre 1972 wurde das Haus vom derzeitigen Eigentümer vorbildlich restauriert. Nur im Erdstock wurde ein großes Fenster einfühlsam eingefügt. Nach seinen Angaben ist das Gebäude um 1725 erbaut. Die Gliederung bestätigt das Datum.

Am linken Eckständer über dem Familienwappen mit Rose: H U · L W, darunter 1972. Am rechten Eckständer über dem von Gemmingschem Wappen: P D V G.

Vom ehemaligen Brunnen der großen Anlage blieben zwei Wasserspeier und ein kleinerer Kopf durch gut plazierten Einbau in die Gefache dieses Hauses erhalten. Ein gutes Beispiel, mit wenig Veränderungen wertvolle Bausubstanz umzunutzen und damit zu erhalten.

Abb. 171 Hauptstraße 52   Abb. 172 Hauptstraße 37

Göbrichen
Gemeinde Neulingen
10 km südlich Bretten
Abb. 171–174

Beidseits der Hauptstraße und in Nebenstraßen stehen einige gut instandgesetzte, meist einstöckige Fachwerkhäuser. Sie sind einfach, doch zweckmäßig und ohne besondere Zierformen großenteils im 18. Jahrhundert erbaut.

Das älteste Haus, **Hauptstraße 52** (Abb. 171), noch vom Ende des 16. Jahrhundert, wurde mehrfach umgebaut, dabei die Fensteröffnungen vergrößert und später mit moderner Einscheibenverglasung versehen. Am rechten kräftigen Eckständer ursprünglich beidseits oberdeutsche Fenstererker. Im Giebeldreieck ist die Fußbodendielung zwischen Stichbalken und Schwelle sichtbar.

Das Haus **Hauptstraße 37** (Abb. 172) fällt durch seine mit schlanken Hölzern gebildeten Zierformen auf. Sämtliche Fensteröffnungen wurden später dem Lichtbedarf seiner Bewohner angepaßt und vergrößert. Moderne Einscheibenfenster und Jalousien beeinträchtigen das Gesamtbild. Im Erdstock überschneiden sich spiegelbildlich zwei K-Streben. Im ersten Dachstock in den Fensterbrüstungen Andreaskreuze mit darüberliegenden Rauten. Unter dem First nochmals Rautenwerk.

Abb. 173 Göbrichen Hauptstraße

Abb. 174 Göbrichen Hauptstraße 10

Abb. 173 zeigt ein reizvolles Fachwerk-Ensemble der Wohnhäuser von Bauerngehöften aus dem 18. Jahrhundert mit ihren Giebeln zur Straße. Links **Hauptstraße 38,** am rechten Eckständer die Jahreszahl 1741. Das klar gegliederte Fachwerkgefüge entspricht dieser Zeit.

Daneben, zweistöckig, **Hauptstraße 36** mit gut ausgebildeten Fachwerkformen. So auch **Hauptstraße 34** mit massivem Erdgeschoß und **Hauptstraße 30** mit Wetterdach unter der Dachstockfensterbrüstung.

Am linken Eckständer des Fachwerkhauses **Hauptstraße 10** ein Schriftband, wie es im 18. Jahrhundert und in der ersten Hälfte des 19. Jahrhundert vielfach üblich war. Die Inschrift über die ganze Länge des Ständers wird von langen Linien umrahmt. Oben, unter einem Wetterpfeil, ein Pflug. Darunter der Text: „Dieses Haus hat erbaut Martheis Bastian und seine Ehfrau Karoline Bastian Anno 1839 Zimerman Ernst Lay".

Abb. 175 Gochsheim Kirchturm

Abb. 176 Gochsheim Renaissanceschloß

Gochsheim
Stadtteil von Kraichtal
8 km nördlich Bretten

Kirchturm
Abb. 175

Auch die frühere Stadt Gochsheim ist 1689 von französischen Truppen zerstört worden. Beim Wiederaufbau am Anfang des 18. Jahrhunderts erhielt der weithin sichtbare quadratische Turm einen zurückgezogenen achteckigen Fachwerkstock für die Glocken. Notwendige Aussteifung und einzige Zierform bilden die symmetrisch angeordneten K-Streben. Darüber noch ein schöner barocker Turmhelm mit Laterne, Kreuz und Wetterhahn.

Gochsheim — Renaissanceschloß
Abb. 176

Hinter der Kirche und der Schule sieht man rechts den Hauptbau des ebenfalls 1689 zerstörten Schlosses. Über der Durchfahrt ist aus dem hohen Dach ein Fachwerkgiebel aus dem Beginn des 18. Jahrhundert herausgebaut. Die zwei breiten Fenstererker haben Rauten in den Brüstungen. Die Schwellen und die Rautenhölzer sind schön profiliert. Im unteren Dachstock der Fränkische Mann, im oberen, bei der Luke, noch kleine geschweifte Streben mit Nasen und eine eingezogene Raute. Das Fachwerk mit zurückhaltender Farbgebung ist in gutem Zustand.

Gochsheim — Schule
Abb. 177–179

Hinter der Kirche steht an einem kleinen Platz das Schulgebäude mit massivem Erdgeschoß und dem der Renaissance nachempfundenen Fachwerkoberstock aus der Zeit um 1900.

Von besonderem Reiz ist das Vordach des Eingangs. Sein Gebälk stützen zwei zu Figuren geschnitzte kräftige Streben, die in ihrer Heiterkeit an vergangene, doch nicht vergessene Schulzeiten erinnern.

Da beißt links unter einem Apfelbaum der lachende Schüler, barfuß, mit Hemd und umgekrempelter Hose in den gestohlenen Apfel, vorsichtig zur anderen Seite schielend. Dort steht der typische Lehrer jener Zeit, den Zeigefinger zum Apfeldieb warnend erhoben. Im abgetragenen, viel zu langem Rock steckt das Notenbuch. Mit zerbeulter Hose und alten Schuhen ein Bild der Armut, der Gewissenhaftigkeit und Gerechtigkeit, das Bild vom armen Dorfschulmeisterlein.

Abb. 177 Gochsheim Eingang Schule

Abb. 178 Schüler

Abb. 179 Lehrer

Abb. 180 Abb. 181

Gochsheim – Vorstadtstraße 42
Abb. 180/181

Das 1970 instandgesetzte und im Innern erneuerte Haus steht rückwärts gegen den steil ansteigenden Hang. Zur Straße hin hoch aufragend die Giebelseite mit hochliegendem Keller und massivem Erdgeschoß. Darüber ein Fachwerkstock und vorkragend der Giebel mit drei fast bündigen Dachstöcken. Im Gewände des rundbogigen Kellereingangs die Jahreszahl 1615. Über dem Kellereingang und zwischen den Fenstern des Erdgeschosses bis an die Balkenköpfe des Fachwerkstocks auf Putz gemalt ein großer Landsknecht mit Fahne und Schwert, daneben Rebstöcke und das württembergische Wappen. Rechts davon, unter den Fenstern des Erdgeschosses die Inschrift: „Dies war von 1615 bis 1806 das Haus der Scharfrichter von Gochsheim".

Das Außenwandgefüge stammt nicht aus der Zeit von 1615. Auch Gochsheim wurde 1689 von den Franzosen durch Brand zerstört. Der Wiederaufbau erfolgte um 1700. Der Fachwerkoberstock war ursprünglich dreifach längs geteilt. Im Giebel Fenstererker aus kräftigen vorgesetzten kantigen Hölzern mit derb geschnitzten konsolartigen unteren Enden und breiter Verdachung. In den Brüstungen Andreaskreuze. In den Dachstöcken der Fränkische Mann und kurze Streben unter dem Brustriegel. Profilierte Schwellen.

Abb. 182

Abb. 183

Gondelsheim
5 km nordwestlich Bretten
Haus Bahnhofstraße 7
Abb. 182/183

Bei diesem gut instandgesetzten zweistöckigen Fachwerkhaus wurden in späterer Zeit die baufällig gewordenen Westtraufseite und der untere Fachwerkstock des Giebels massiv erneuert. Erhalten blieb ein einfaches schönes harmonisches Außenwandgefüge. Das Giebeldreieck mit seinen jeweils vorspringenden Dachstöcken blieb unverändert. Lange Streben, kurze Fußbänder und schlichte Andreaskreuze von Brüstungs- bis Wandhöhe sind Zweck- und Zierformen zugleich. Den oberen Abschluß der unteren Fachwerkwand der Osttraufseite bilden doppelte Rähme. Die Fensteröffnungen wurden später vergrößert. An den rechten Eckständer des oberen Fachwerkstocks waren im Giebel und an der Traufseite oberdeutsche Fenstererker angelehnt. Das Haus ist im 16. Jahrhundert erbaut worden.

Abb. 184

Gölshausen
nördlicher Stadtteil von Bretten

Eppinger Straße 37 – Gasthaus Löwen
Abb. 184

Das Wirtshausschild ist ein sehr gutes Beispiel aus neuerer Zeit. Der lange dreiecksförmige Ausleger ist von spiralförmigem feinem Blattwerk mit einer lilienartigen Blüte gefüllt. An zwei Ösen hängt am verzierten Ende des Auslegers eine rahmenbetonte Standarte mit Rankenwerk, kurpfälzischem und badischem Wappen. Im oberen Teil der Name Johanna Bohnert, im unteren eine Brezel. Den Rahmen füllt der hervorragend gestaltete goldene Löwe mit gebogenem Schweif und lechzender Zunge aufrecht schreitend mit einem Pokal in der rechten Pranke.

Grötzingen
östlicher Stadtteil von Karlsruhe

Rathaus
Abb. 185–192

Das 1583 erbaute Rathaus wurde im Dreißigjährigen Kriege durch Brand zerstört. Die Mauern des massiven Erdgeschosses blieben erhalten. Auf ihnen wurde der heutige Fachwerkbau 1668 errichtet. Hierüber berichten zwei Inschriften. Am östlichen Eckständer unter den Ortszeichen und Badischen Wappen: „ANNO 1668 IST DAS HAUS ERBAUT WORDEN x DAMALS WAREN SCHULTHEISS ERHARD KIEFER x ANWALT WENDEL SCHÄFER x BÜRGERMEISTER GEORG BRAUN". Am westlichen Eckständer unter einem Schild mit Zirkel, Winkelmaß und gekreuzten Klammern: „ANNO 1668 IST STEPHAN ZIMMERMEISTER ZU GRETZINGEN · GESELLEN SIND H · M · UND H · W ·".

Abb. 185　　　　　　　Grötzingen Rathaus Giebelseiten　　　　　　　Abb. 186

Das massive nicht unterkellerte Erdgeschoß war ursprünglich in drei Querstreifen und eine offene Halle am Ostgiebel unterteilt. Im mittleren Streifen der Eingang und Flur mit Treppe. Im westlichen zwei Räume, im östlichen zwei Räume für Handelswaren mit Durchgang zur offenen Halle. Die Rundbogenöffnungen heute z. T. vermauert, die Zufahrt zur Halle wurde geschlossen. Im Oberstock, über die offene Halle übergreifend, der große Bürgersaal mit Mittelsäule unter dem Längsunterzug. Im ersten und zweiten Dachstock liegender Stuhl mit Spannriegel.

Im Jahre 1900 nochmals gründlicher Umbau des zwischendurch verputzten Rathauses. Die Halle wurde geschlossen, zusätzliche Räume geschaffen und der Speicher ausgebaut. 1951 Renovierung und Herstellung des derzeitigen Zustandes. Auf dem massiven Erdgeschoß ein eindrucksvoller Rähmbau. Der Fachwerkoberstock kragt allseits vor. Darüber an der Ostseite dreifach vorspringender Giebel, an der Westseite über dem unteren Dachstock großer Krüppelwalm. Auf dem First achteckiger Dachreiter mit Zwiebelhaube. Es ist das erste Gebäude von Bedeutung nach dem Dreißigjährigen Kriege. Die Hölzer haben wesentlich geringere Querschnitte; mit dem Bauholz wurde sparsamer gewirtschaftet. Der Eindruck des Fachwerks ist leichter und heiterer. Im Oberstock, an den Eck- und Bundständern, erscheint eine neue Verstrebungsfigur, der Fränkische Mann mit Armen. Geschwungene lange mit Nasen besetzte Gegenstreben gehen von Wandmitte hoch zum Rähm. An den Schauseiten geschnitzte Fenstererker. Die Brüstungen werden durch gitterartig sich überkreuzende schlanke Hölzer reich verziert. Auch die Bund- und Eckständer werden von eingekerbten Bändern umfahren.

An diesem Rathaus ist nur wenig vom behäbig kräftigen Eindruck der Vorgänger zu spüren. Elegant, heiter, fast verspielt in den Brüstungsbändern, ist es ein Beispiel der geistigen Haltung seiner Zeit.

Abb. 187 Grötzingen Rathaus

Abb. 188 Grötzingen Rathaus

Abb. 189 Ostgiebel

Abb. 190 Westgiebel

Abb. 191 Südseite

Grötzingen Rathaus

Abb. 192 Ostgiebel

Abb. 193

Heidelsheim
südöstlicher Stadtteil von Bruchsal

Die ehemals Freie Reichsstadt Heidelsheim wurde 1689 wie ihre Nachbarn Bruchsal und Bretten von französischen Truppen geplündert und durch Feuer zerstört. Den Brand hat offensichtlich kein Fachwerkhaus überstanden. Aus der Zeit des Wiederaufbaues blieben wenige erhalten.

Haus Marktplatz 9
Abb. 193

Über dem massiven Erdgeschoß sind auch die Traufwände massiv erneuert. Nur im Giebel zum Marktplatz hin blieb das Fachwerk des Oberstocks und des Giebeldreiecks erhalten. Weithin sichtbar sind die K-Streben aus der ersten Hälfte des 18. Jahrhunderts. Die Fenster wurden vergrößert. Die Stichbalkenköpfe zwischen den Wandrähmen und Schwellen des Giebeldreiecks sind leider nicht sichtbar.

Abb. 194

Abb. 194
Heidelsheim – Links Haus Marktplatz 2, Ecke Judengasse

Das Erdgeschoß hat den Brand von 1689 überstanden. In der rückwärtigen Traufseite ist noch ein Haustürgewände mit Segmentbogen und feinen, einander überschneidenden Stabprofilen. Im Sturz die Jahreszahl 1596. Der Oberstock und der untere Dachstock Fachwerk, darüber großer Krüppelwalm. Die Schaufenster sind nicht ursprünglich. Im Fachwerk des Giebels sind Verstrebungsformen noch aus der Zeit um 1600, die wahrscheinlich beim Wiederaufbau vom alten Fachwerk übernommen wurden. So vor allem die Reihung leicht geschwungener Andreaskreuze und die steilen geraden Andreaskreuze. Die Inschrift am Südwest-Eckständer ist stark verwittert und nicht mehr lesbar. Auf einer aufgesetzten kleinen Wappentafel an gleicher Stelle: H · h · G · 1701. Die K-Strebe an den Eckständern bestätigt den Wiederaufbau in der Zeit um 1700.

Heidelsheim – Rechts Haus Merianstraße 1, Ecke Marktplatz

Es ist dem Nachbarhaus ähnlich. Erdgeschoß massiv, darüber ein Fachwerkstock und im Giebel zwei Dachstöcke mit kleinem Krüppelwalm. In den Brüstungen aller Stockwerke statt der Andreaskreuze geschweifte kurze Streben. In den Dachstöcken die K-Strebe. Am rechten Eckständer der Giebelseite die Schriftzeichen H · I · S · 1 · 6 · 9 · 8 · C · I · G · Z.

Links in Abb. 194 eines der schönsten Wirtshausschilder im Kraichgau, mit Abb. 195 dargestellt.

Abb. 195

Heidelsheim – Das Wirtshausschild Marktplatz 1
Abb. 195

Das barocke Wirtshausschild „Zum Ochsen" ist mit dem vom „Lamm" in Kürnbach eines der größten und schönsten im ganzen Kraichgau. Eine hervorragende Kunstschmiedearbeit des Barock. Der riesige, weit in die Straße reichende schwungvoll emporsteigende Ausleger, von drei Stangen gehalten, endet in einem Adlerkopf. In dessen Schnabel hängt das Wirtshausschild mit dem schillernden Ochsen, umrahmt von Zweigen, stehend auf dunklen Bändern. Zwischen den Schleifen unten der Name Adolf Lutz. Weitere Namen früherer Gastwirte stehen klein und kaum erkennbar über dem Adlerkopf unter dem glänzenden Zunftzeichen der Bäcker, eine von zwei Löwen über einem Rad gehaltene Brezel mit Krone. Die Namen sind G. Dietz P. Horsch G. Feßenbecker und oben etwa in der Mitte des Auslegers unter weiterem Zunftzeichen Philipp Lorenz. Der gesamte Ausleger ist mit zierlichem Rankenwerk geschmückt. Da sind Blätter und Blüten, Zweige und Trauben, Spiralwerk, Stiefel und Hufeisen, alles in feiner Farbabstimmung.

Dieses Wirtshausschild aus dem Anfang des 18. Jahrhundert ist Ausdruck barocker neuer Lebensfreude und Zeichen wieder erworbenen Wohlstands nach schwerer Zeit.

Abb. 196 Straßengiebel Abb. 197 Eckständer

Heidelsheim – Wettgasse 4
Abb. 196–198

Der Ostgiebel des zweistöckigen Fachwerkbaues ragt hoch in die ehemals nur 5 m breite Wettgasse. Das lange Gebäude stößt mit dem rückwärtigen Giebel an die ehemalige Stadtmauer, ein Teil des Oberstocks und der abgewalmte Dachstock sitzen auf den Mauerresten. Nach dem Brand von 1689 wurde die Schmiede 1719 erbaut. Am rechten Bundpfosten der Straßenseite langes Schriftband: x 1719 x IOHANES KUCHENANN ANA ELISABETA KUCHEMENIN / WIR · BAUEN · ALE · FESTE · UND · SIND · NUR · FREMDE · GESTE · DA · WIR · EWIG · SOLDEN · SEIN · BAUEN · WIR · GARWENIG · HINEIN.

Im vorderen Teil des hoch herausgezogenen Untergeschosses ein großer gewölbter Keller aus der Zeit vor der Zerstörung der Stadt. Hauptzugang von der Straße über den vorstehenden Kellerhals mit breiter Treppe und Rundbogentor. Eine Treppe führt vom Hof her in den mittleren der drei Querstreifen, vorn der Flur mit Treppe, hinten die Küche. Im hinteren Querstreifen früher die Schmiede. Im vorderen, zur Straße, zwei Stuben. Im Fachwerkoberstock Längsteilung in zwei ungleich breite Streifen am Bundständer erkennbar. Über den beiden Querwänden die Binder als liegender Kehlbalkendachstuhl, im unteren Dachstock als Bundwände.

Im Giebel kragt jedes Stockwerk vor. Die kräftigen, flachkant liegenden Stichbalkenköpfe bleiben sichtbar, die Rähme und Schwellen sind profiliert. Kräftige Eck- und Bundständer.

Abb. 198 Heidelsheim Wettgasse 4

Die Zwischenständer fassen beidseits als Gewändestiele die Fenster. An den Eckständern des Oberstocks der halbe Mann, jedoch mit kleinem Kopfband statt Knagge. An den Bundständern der Mann mit Armen, mit Gegenstrebe. Im Giebeldreieck beidseits der Ständer Streben ohne Kopfknaggen oder Bänder. Über dem Hahnenbalken ein Krüppelwalm. Dieses stattliche Gebäude beeindruckt durch seine Einfachheit und Klarheit.

Abb. 199 Abb. 200

Heidelsheim – Haus Merianstraße 27
Abb. 199

Auch das Erdgeschoß war ursprünglich wie noch die rechte Traufseite als Fachwerk ausgeführt. Am Giebel rechts unten eine Tafel mit Inschrift u. a.: Haus des Stadtschultheißen J.A.P. PARAVICINI 1685/1713 erbaut 1705.

Im Fachwerkgiebel zahlreiche, auf den Wohlstand des Erbauers hinweisende Zierformen. In den Brüstungen steile, stark gebogene Andreaskreuze mit kleinen Zähnen, eine seltene Sonderform dieser weit verbreiteten Kreuze. Diese Bildungen dürften vom Vorgängerbau übernommen worden sein.

Heidelsheim – Das Wirtshausschild Markgrafenstraße 2, Ecke Marktplatz
Abb. 200

Das dem Barock nachempfundene Wirtshausschild „Zur Kanne" aus späterer Zeit hängt an einem langen geraden Ausleger mit spiraligen Verzierungen. Über dem schneckenförmig gerollten Ende glänzen Symbolzeichen der Handwerker. Inmitten von schwungvollem Rankenwerk mit Blüten und Blättern steht die bauchige Weinkanne auf einem gewundenen Band mit der Jahreszahl 1702. Diese gilt wahrscheinlich für die Erbauung des Gasthauses. Neben der Kanne noch das badische Wappen.

Abb. 201

Helmsheim
südöstlicher Stadtteil von Bruchsal

Haus Kurpfalzstraße 66
Abb. 201

Der Ort ist arm an sichtbarem Fachwerk. Bei der Sanierung des massiven stattlichen Hauses Kurpfalzstraße 66 Mitte der achtziger Jahre wurde das bislang verputzte Giebeldreieck freigelegt. Der prächtige Fachwerkgiebel mit Krüppelwalm und ohne Stockwerksüberstände zeigt seitdem seine reichen Zierformen der Renaissance. Die beiden Fenster wurden wahrscheinlich bei diesen Arbeiten durch Herausnehmen der Sturzriegel in der Höhe vergrößert. In dem Brüstungsband des unteren Dachstockes liegen nach innen gebogene Rauten über geraden Andreaskreuzen und Kreise unter diesen. Seitlich davon und in den oberen Brüstungen gebogene Andreaskreuze mit Zacken. Neben den Fenstern nochmals gerade Andreaskreuze. Die „Augen" in den geschweiften Andreaskreuzen sind rötlich hervorgehoben und nicht, wie früher üblich, ausgeputzt. Naturholzfarbig belassen und sehr gut restauriert bietet sich ein prächtiges Fachwerk.

Es ist anzunehmen, daß dieser Giebel nicht nachgebildet wurde, sondern die Zerstörungen von 1689 überstanden hat.

Abb. 202   Abb. 203

Hoffenheim
nordwestlicher Stadtteil von Sinsheim
Erkerhaus
Abb. 202/203

Unterhalb der höher liegenden Kirche wurde erst 1988/89 ein Fachwerkhaus saniert. Das Außenwandgefüge ist einfach: Wandhohe Streben, gerade Andreaskreuze und kurze Streben sichern die Außenwände. Die Fenster vom Fachwerkerd- und oberstock wurden vergrößert und verändert. Die Außenwände stehen bündig, nur der obere Dachstock mit sichtbaren Balkenköpfen kragt etwas vor. Von Bedeutung an diesem Hause ist der im Kraichgau seltene vierseitige Fachwerkerker mit steiler Verdachung und langen Stützstreben. Er wurde der Giebelseite außermittig vorgesetzt. Das Haus kann dem 17. Jahrhundert zugeordnet werden.

Abb. 204 Jöhlingen Speyerer Hof

Abb. 205　　　　　　　　　　　　　　　　Abb. 206

Jöhlingen
Ortsteil von Walzbachtal
11 km westlich Bretten

Speyerer Hof – Kirchplatz
Abb. 204–207

Das große, hervorragend instandgesetzte Fachwerkhaus, heute Verwaltungsstelle Jöhlingen, steht mit der Südgiebelseite und der Osttraufseite als reich verzierten Schauseiten weithin sichtbar am Kirchplatz. Hinter dem großen Tor, links vom Giebel, ein Innenhof mit zur gleichen Zeit sanierten Nebengebäuden. Lange Jahre verputzt, wurde vor der Freilegung über den Abbruch diskutiert, bis die Sanierung endlich beschlossen war. Seit einigen Jahren ist das Gebäude wieder eines der schönsten repräsentativen Renaissance-Fachwerkhäuser im Kraichgau.

Die Renovierung wurde behutsam und vorbildlich durchgeführt. Nur wenige Hölzer mußten ausgewechselt werden. Sie sind an ihren glatten, gehobelten Oberflächen erkennbar.

Über dem Kellergeschoß mit großen gewölbten Kellern stehen zwei Fachwerkstöcke, darüber noch drei Dachstöcke. Alle Stockwerke springen vor. Die Schwellen sind profiliert, die Balkenköpfe an den Schauseiten mit profilierten Hölzern verkleidet. Im Hof sind die Balkenköpfe sichtbar. Dort stehen auch die Stockwerke weiter vor. Zwischen Erd- und Oberstock bleiben Reste des sichtbaren Fußbodens erkennbar. Bei der Sanierung wurde der Fußboden nicht ergänzt. Kräftige Konsolen mit Kehle, Blatt und Wulst unter den

Abb. 207 Straßengiebel

Bundbalkenköpfen. In der Hoftraufseite über der Haustür im Sturzholz als Eselsrücken die Jahreszahl: · 1 · 5 · 7 · 7 ·. Die immer wiederkehrenden Zierformen sind die Fränkischen Männer, oft in langer Reihe aneinander geschweifte Andreaskreuze mit Nasen und ausgeputzten Augen und gerade Andreaskreuze über den Brustriegeln. An der linken Giebelecke in beiden Stöcken erneuerte ungleich breite Fenstererker.

Statt der wahrscheinlich ursprünglichen grauen Farbe der Hölzer hätte ein freundlicher Ton das Gebäude auch in seiner Umgebung noch besser zur Geltung bringen können. Auch die mit den Hölzern auf dem Putz mitlaufenden Beistriche steigern nicht den guten Gesamteindruck.

Abb. 208

Karlsruhe-Durlach
Marktplatz – Pfinztalstraße Ecke Zunftstraße
Abb. 208

Durlach grenzt an den Kraichgau. Auch diese Stadt wurde 1689 von den Franzosen zerstört. Vom Fachwerk aus der Zeit des nachfolgenden Wiederaufbaues schien wenig erhalten. Erst im letzten Jahrzehnt brachten Freilegungen von verputzten Gebäuden überraschend gutes Fachwerk zutage.

Als ein Beispiel soll hier die Gebäudegruppe am Marktplatz, Pfinztalstraße Ecke Zunftstraße, vorgestellt werden. Die Öffnungen der Erdgeschoßläden wurden sicher wiederholt verändert. Das Fachwerk der beiden darüber bündig liegenden Stockwerke blieb jedoch wenig gestört erhalten. Die Sanierung nach der Freilegung in der Mitte der achtziger Jahre ist gelungen.

Der wieder erreichte Wohlstand zeigt sich vor allem in den Fensterbrüstungen. Die üblichen Andreaskreuze mit darüber liegenden Rauten sind nur noch in der Zunftstraße zu finden. Asymmetrische Formen beherrschen jetzt die Hauptecke mit ihren kräftigen Ständern, wie ähnlich in Malsch, 7 km südlich Wiesloch. Wandhohe Andreaskreuze mit Rauten, der Fränkische Mann und vereinzelt sehr steil die K-Strebe vollenden die Zierformen.

Abb. 209

Kirchhardt
11 km südöstlich Sinsheim

Hauptstraße 44
Abb. 209

Das quergeteilte Doppelhaus mit zweiläufiger Treppe zu den Eingängen steht mit einem schönen Fachwerkgiebel zur Straße. Über dem hohen Kellergeschoß zwei stark veränderte Fachwerkstöcke. Die Dachstöcke scheinen ungestört.

Die Bund- und Eckständer stehen zwischen den profilierten Schwellen auf den vorgezogenen Balkenköpfen. Mit der Vergrößerung der Fenster verdrängte die K-Strebe als neue Figur die ursprünglichen langen Streben und Andreaskreuze über den Brüstungshölzern, wie sie im Giebeldreieck erhalten geblieben sind. An der Traufseite noch Erkerreste. Als Erbauungszeit kann die erste Hälfte des 17. Jahrhunderts angenommen werden.

Abb. 210

Kleingartach
südöstlicher Stadtteil von Eppingen

Haus Zabergäustraße 10
Abb. 210

Der hohe Giebel dieses hohen Fachwerkhauses ist gut wiederhergestellt. Über dem Werkstein-Erdgeschoß sind jeweils nur wenig überstehend zwei Fachwerkstöcke und drei Dachstöcke aufgebaut. Das Giebeldreieck scheint bis auf die Schließung von zwei Fenstern ursprünglich. Bei der Vergrößerung der Fenster im unteren und oberen Fachwerkstock wurde das Gefüge nur wenig gestört. Ihre ursprüngliche Größe und Lage ist z. T. noch erkennbar.

Die Formen der Renaissance fanden sparsam, doch wirkungsvoll Anwendung. In den Fachwerkstöcken sind es der Fränkische Mann und Andreaskreuze über den Brustriegeln. Besondere Zierformen sind kurze Stiele und Fußstreben zwischen Schwellen und Brustriegeln mit ausgeputzten seitlichen Auskurvungen und Augen und die geschwungenen Kopfknaggen der Fränkischen Männer mit ausgeputzten Augen. Im mittleren Dachstock in den Brüstungen noch Andreaskreuze über Rauten.

Über dem Hauseingang im Giebel eine Renaissance-Tafel mit sechszeiliger Inschrift: IM 1600 VN ERSTEN IAR · HAT · M · BERNH : ERHARTGAR · VNDMARG : 50 IMVERTRAWT : MITGOTDASHAVS · GBAWT · INEN VNDIREM SAMEN : GEBGOTEWIGSLEBENAMEN · J · L ·.

Abb. 211

Abb. 212

Kleinvillars
südlicher Stadtteil von Knittlingen

Haus Hauptstraße 10
Abb. 211/212

In dem Waldenserdorf Kleinvillars steht an der Ostseite der Straße ein einstöckiges, gut erhaltenes Fachwerkhaus aus dem Jahre 1774. Außer der Vergrößerung der Fensteröffnungen sind keine wesentlichen Veränderungen erkennbar. Die Formen des 18. Jahrhundert beeindrucken. Zwei gering überstehende Dachstöcke im Giebel, darüber ein Krüppelwalm. Die Balkenköpfe bleiben zwischen Füllbohlen sichtbar. Im Erdstock die K-Strebe und negative Rauten, in den Dachstöcken an den Bundständern der Fränkische Mann und gebogene Andreaskreuze unter den Öffnungen. Am kräftigen rechten Eckständer fünfzehnzeiliges Schriftband:

JEAN JOU · VENAL · SENDICES · TAVECLV · SAFEMM · EMARTH · E ONT BA · TICETTE · MAISONA · NECLAIDE · DESEL · LAN 1774 · ZIMERMAN · JOHANNES · HAEMERLE.

Knittlingen
5 km südöstlich Bretten

Wie Bruchsal, Bretten und Pforzheim ist auch Knittlingen 1689 von den Franzosen zerstört worden. Die wenigen noch erhaltenen Fachwerkhäuser aus den nachfolgenden Jahrzehnten des Wiederaufbaues zeugen von der Armut dieser Zeit.

Faust-Museum
Abb. 214

Am Ende der Marktstraße steht neben der Kirche auf hohem Kellergeschoß ein dreistöckiger kräftiger, gut gegliederter Fachwerkbau, das ehemalige Rathaus. Nach verschiedener Nutzung ist heute in ihm das Faust-Museum untergebracht. Die Merkmale der Wiederaufbauzeit sind auch hier vor allem die K-Streben. Die Stockwerke stehen nicht mehr über. Die oberen Fenster wurden vergrößert. Es ist ein imposantes, gut saniertes Gebäude.

Knittlingen — Gebäudegruppe am Ende der Marktstraße
Abb. 213

Eine malerische Fachwerkgruppe schließt zusammen mit der Kirche und dem Faust-Museum die platzartig erweiterte Marktstraße. Von links nach rechts stehen die Häuser 12, 10, 8, 6. Haus 8 und 6 nochmals auf Abb. 215.

Die Häuser sind in gutem Zustand. Wie schon beim Faust-Museum springen die Stockwerke nicht mehr vor. Auch die Giebeldreiecke stehen bündig. K-Streben und gerade Andreaskreuze in den Fensterbrüstungen und wenige gebogene kurzen Streben bleiben die Zierformen der Erbauungszeit, der ersten Hälfte des 18. Jahrhunderts.

Abb. 213

Abb. 214

Abb. 215

Abb. 216

Abb. 217

Knittlingen – Kirchplatz 10
Abb. 216/217

Das massive Erdgeschoß trägt einen Fachwerkstock mit bündigem Dachstock, darüber großer Krüppelwalm. Die wenigen Zierformen, K-Strebe und gerade Andreaskreuze unter den Fenstern, sind ausgewogen verteilt. Das Haus reiht sich gut in die Architektur der Fachwerkhäuser am benachbarten Marktplatz ein.

An der Traufseite sind neben dem Hauseingang zwei Tafeln ober- und unterhalb eines Engelskopfes angebracht. Auf der oberen älteren steht: GEBURTSHAUS von Doktor Faust. Auf der unteren: GEBURTSHAUS von Dr. Johannes Faust 1480–1540. Hier stand demnach das Geburtshaus des berühmten Alchimisten, dessen Leben schon Goethe zu seinem „Faust" angeregt hat. Dieses Haus ist 1689 bei der Zerstörung von Knittlingen durch die Franzosen mit abgebrannt. Das heutige Gebäude stammt aus der ersten Hälfte des 18. Jahrhunderts.

Abb. 218

Knittlingen – Fauststraße 13
Abb. 218

Im Winkel von zwei zusammenlaufenden Straßen steht ein das keilförmige Grundstück ausnutzende gut saniertes Fachwerkhaus. Auf hohem Kellergeschoß bleibt der Erdstock bündig. Der Oberstock steht, von kurzen Streben gestützt, kräftig vor. Die Dachstöcke sind wenig vorgezogen. Ohne besondere Zierformen ergibt das Holzwerk dennoch ein malerisches Bild.

Abb. 219 Königsbach Rathaus

Abb. 220 Königsbach Rathaus

Königsbach
Gemeinde Königsbach-Stein
12 km südwestlich Bretten
Altes Rathaus
Abb. 219 – 221 u. 223

Am Ostende des Marktplatzes steht das gut erhaltene Fachwerk-Rathaus. Es springt mit Vorhalle und Oberstock etwa 3 m in die Straße vor. Fünf schlanke Holzsäulen tragen den Oberstock. Nach einem Aufmaß von 1902 waren im massiven Erdgeschoß Treppenflur, Grundbuchamt, Arrestzelle und Abstellräume. Im Oberstock nimmt der Ratssaal mit außermittiger Säule rückwärts fast die Hälfte der Grundfläche ein. Zur Straße hin liegen Räume der Verwaltung. Im unteren Dachstock liegender Kehlbalkendachstuhl als Bundwand, darüber mittige Stuhlsäule senkrecht unter dem die Hahnenbalken stürzenden Rähm.

Die Westtraufseite läßt zwei Bauabschnitte erkennen. An den älteren rückwärtigen Teil stößt deutlich sichtbar im Erdgeschoß die dünnere außen und innen abgesetzte nur 2,50 m lange Außenwand zur Vorhalle. Im älteren schmucklosen Fachwerk des Oberstockes mit weitem Ständerabstand stehen die äußeren Ständer noch auf den Balken, die Schwellen zapfen ein. Diese Bildung und Teile des Dachwerks weisen in das 16. Jahrhundert als Erbauungszeit.

Die Schauseiten des Rathauses bilden der Straßengiebel und die etwa 6,50 m langen Traufseiten des später gebauten vorderen Teils. Im Erdgeschoß fünf enggestellte runde Säulen mit Ringen und Wulsten und kräftig profilierten kurzen Kopfstreben. Im Fachwerkoberstock umlaufende profilierte Fenstererker, in den Brüstungen Andreaskreuze, z. T. mit Rauten, gebogene Rauten mit Nasen und durch dreiecksförmige Bohlen gebildete negative Rauten. Im unteren Dachstock an den Bundständern der Fränkische Mann. Der obere Dachstock kragt nochmals vor, im Brüstungsfeld Andreaskreuze. Im zweiten Sparrenfeld über dem First offener Dachreiter mit barocker Haube. Der Straßengiebel ähnelt sehr dem hundert Jahre älteren Rathaus in Bauerbach. Hier in Königsbach wirkt der barocke Giebel zierlicher, verspielter durch die eng gestellten fünf runden Säulen und die Zierformen in den Brüstungen. Am Ende des 17. Jahrhunderts dürfte der vordere Teil errichtet worden sein.

Königsbach – Marktstraße 11
Gasthaus Zum Ochsen
Abb. 222

Das Gasthaus steht mit seiner breiten gepflegten Giebelseite zur platzartig erweiterten Marktstraße. Über dem massiven Erdgeschoß mit den Galträumen sitzt der Fachwerkoberstock mit vergrößerten Fenstern, darüber noch zwei Dachstöcke mit Krüppelwalm. Die wenigen Zierformen sind in den Brüstungen gerade und geschweifte Andreaskreuze und kleine Fußstreben. Die Mitte des Oberstockes ziert ein filigranes geschmiedetes Wirtshausschild. Der weithin sichtbare, ansprechende Bau hat die Formensprache der ersten Hälfte des 18. Jahrhunderts.

Abb. 221 Rathaus

Abb. 222 Marktstraße 11

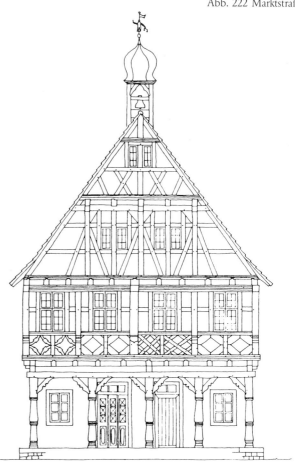
Abb. 223 Rathaus

Abb. 224

Kürnbach
12 km nordöstlich Bretten

Einer der ersten Versuche einer Dorfsanierung mit dem Ziel, einen Mittelpunkt, ein Zentrum zu schaffen, hat ein geteiltes Echo gefunden. Um einen geräumigen Marktplatz mit Ladenstraße gestalten zu können, wurde auf der dicht bebauten Fläche auch wertvolle Bausubstanz vernichtet. Zu begrüßen sind die Auskernungen zahlreicher Grundstücke durch Abbruch zum Teil baufälliger landwirtschaftlicher Nebengebäude, um benötigten Raum zu schaffen. Auf dem Marktplatz und an einigen Straßen sind, in Grün eingebunden, ausreichend Parkplätze entstanden.

Marktplatz
Abb. 224

Zwischen der Kirche und den langen Fachwerkfronten des Rathauses und des Gasthauses Zum Lamm liegt der neue, begrünte Marktplatz.

Die große Fachwerkgebäudegruppe mit einem kleinen Innenhof und der langen Seite am Marktplatz ist ein gelungener Wiederaufbau unter Verwendung noch brauchbarer alter Hölzer. Über dem massiven Erdgeschoß steht ein Fachwerkstock mit großen Fenstern. Am Giebel darüber noch zwei gering überstehende Dachstöcke mit Krüppelwalm. Einzige Zierformen sind geschweifte Andreaskreuze.

Abb. 225

Kürnbach — Marktplatz Ecke Lammgasse Gasthaus Zum Lamm
Abb. 225

Mit der Traufe zur Gasse steht das lange Fachwerkgebäude Zum Lamm. Alle Fachwerkstöcke stehen bis zum Krüppelwalm bündig übereinander. Die K-Streben im Erd- und Oberstock und der Fränkische Mann im unteren Dachstock sind Ausdruck der Erbauungszeit, des Jahres 1715.

An seiner Giebelseite, weit in die Gasse hineinragend, sehen wir das zusammen mit dem in Heidelsheim (Abb. 195) wohl schönste Wirtshausschild des Kraichgaues. Der von zwei Stäben gehaltene Ausleger mit seinem barocken Schwung ist fast überladen ausgefüllt. In Grün gehalten wachsen mit bunten Farben aus Füllhörnern Pflanzen mit Blüten und Blumen, rankt Weinlaub mit Trauben empor, drehen sich Rosetten, sitzt ein Vogel, bläst ein Engel Posaune, alles von schwingenden eingerollten Spiralen gefaßt. Ein Meisterwerk der damaligen Schmiedekunst.

Kürnbach — Lammgasse in Richtung Marktplatz
Abb. 226/227

Eine malerische Gasse. Links auf drei Stützen mit hohem Fachwerkgiebel der Kürnbacher Hof. An dieser Stelle stand bis nach 1970 das 1665 erbaute Gasthaus zum Ochsen mit interessantem Fachwerk, zum Teil in desolatem Zustand. Nach seinem Abbruch ist dieser wenig geglückte, nachempfundene Fachwerkbau entstanden.

Rechts vorn das einstige Wirtshausschild Zum Löwen, heute an der alten Kelter. Rechts im Hintergrund das Gasthaus Zum Lamm mit seinem berühmten Wirtshausschild.

Abb. 226

Abb. 227

Abb. 228

Abb. 229

Kürnbach – Löwengasse 8 Ecke Gaisenrain
Abb. 228

Es ist das Haus des Vereins zum Erhalt bäuerlicher Bauten und ländlichen Kulturguts e. V.

Das erhaltenswerte Gebäude läßt drei Bauzeiten erkennen. Im Giebel, gut sichtbar, stammt das Giebeldreieck mit den beiden Dachstöcken, ursprünglich ohne den kleinen Krüppelwalm, wohl vom Ende des 15. Jahrhundert. Die Dachbalkenlage hat keine Stichbalken. An ihrer Stelle ist der Außenwandbalken auf den vorstehenden Rähmen vorgezogen und tief ausgekehlt. Im auf dem massiven Erdgeschoß stehenden Fachwerkstock ist wohl nur der Bundständer mit seiner sägeschnittförmigen Konsole aus gleicher Zeit. Das Giebeldreieck ohne Zierformen beeindruckt durch die Ausgewogenheit seines Fachwerks. Kein Holz zuviel. Im linken Eckständer: C F C · RENOVIRT 1730, wahrscheinlich ein Hinweis auf die Veränderung des unteren Fachwerkstockes mit dem Einbau der Fenster im Giebel und der linken Traufseite.

Kürnbach – Greingasse 37
Abb. 229/230

In einer Biegung der Greingasse steht neben der Kirche ein Fachwerkhaus von 1670. Der Straßengiebel ist gut erhalten. Über hochliegendem Keller ein Fachwerkstock und zwei jeweils vorkragende Dachstöcke. Über dem schmalen Kellereingang an der Giebelseite ist in den Sturzbalken geschnitzt: · 1 · 6 · 7 · 0 · und zwischen Kelle und Hammer: IPRG · KRAVWPR · WAVRPR. Der Name heißt nach Umstellung der Buchstaben P = E und W = M: JERG · KRAUMER · MAURER.

Die Steinhauer und Maurer des Ortes waren durch die seit Jahrhunderten weithin bekannten Steinbrüche zu Wohlstand gekommen. So sind vor allem im Giebel zahlreiche Zierformen und Wandfiguren des 17. Jahrhunderts zu finden. Profilierte Dachschwellen und Rauten, der Fränkische Mann, das Andreaskreuz über dem Brustriegel, geschweifte kurze Streben mit Nasen und Raute auf Andreaskreuz in den Brüstungen. Aus dem Steinbau übernommen sind die Profile der Rauten und der „Zahnschnitt" an den Rähmen des Haupt- und Dachstockes und den Giebelsparren.

Kürnbach – Löwengasse 8
Abb. 233

Unmittelbar südlich neben dem Haus Gaisenrain 58 steht ein größeres Haus aus gleicher Zeit mit kurzen geraden Fußstreben im Giebeldreieck. Auch hier ist der Dachbalken auf den Rähmen zur Vorkragung des Giebeldreiecks vorgezogen. Darunter ähnlich geschnitzte lange Knaggen. Die heute massiven Außenwände des Erdstocks waren ursprünglich Fachwerk.

Abb. 230 Greingasse 37

Abb. 231 Gaisenrain 58

Abb. 232

Abb. 233 Löwengasse 8

Kürnbach – Gaisenrain 58
Abb. 231/232

Das parallel zum Gaisenrain und damit schräg zur Löwengasse stehende Haus hat den Straßengiebel in die Straßenflucht und damit schräg zu den Traufseiten gestellt. Der Giebel des Erdstockes wurde massiv erneuert. Wohl zur gleichen Zeit wurde der hintere Gebäudeteil nach Süden erweitert und mit einem Schleppdach von der Hauptdachfläche aus abgedeckt. Die Grundfläche ist wie in dieser Zeit üblich in drei Querstreifen und außermittig in zwei Längsstreifen geteilt. Im vorderen, größeren, abgeschrägten Querstreifen, die großen Stuben, im mittleren der Treppenflur und Küche, rückwärts noch Stuben und Kammern, in beiden Dachstöcken Speicher. Im stehenden Kehlbalkendachstuhl im unteren Dachstock zwei Bundwände, im oberen mittig unter dem Hahnenbalken ein Rähm, von senkrechter Stuhlsäule gestützt. Kehl- und Hahnenbalken und die Riegel der Bundwände sind in die Sparren eingeblattet. Im gut erhaltenen Fachwerk des Giebels sind nur die Fenster des Oberstocks vergrößert. Über dem ursprünglichen Fachwerkunterstock vorkragende Stichbalkenlage mit sichtbarem Fußboden, auf dem die Eck- und Bundständer stehen. An diesen mittelalterlich lange mit kleinen schrägen Wulsten gezierte Knaggen zur Verriegelung der Rähme. Zur Aussteifung der Wand lange freilaufende Streben. Beide Dachstöcke kragen vor. Statt einer Stichbalkenlage sind der Giebeldachbalken und der Kehlbalken auf den weit überstehenden Rähmen fast um ihre Breite vorgezogen. Kräftige Auskehlungen an den unteren Außenkanten. Im Brüstungsfeld des unteren Dachstocks treten erstmals geschweifte Andreaskreuze auf. Die heute teilweise noch kräftig überstehenden Rähme unter der Dachbalken-, Kehlbalken- und Hahnenbalkenlage könnten einen Schwebegiebel getragen haben, wie er zur gleichen Zeit im nahen Eppingen zu finden ist. Die Schnitzformen an den langen Knaggen, die Einblattungen aller Hölzer in die Sparren und der Schwebegiebel weisen das Haus nach Vergleichen vor allem mit Häusern in Eppingen in die Zeit noch vor oder um 1500.

Lienzingen
nordöstlicher Stadtteil von Mühlacker

Aus dem Mittelalter ist kein Haus mit sichtbarem Fachwerk erhalten geblieben. Doch aus der Übergangszeit, der Renaissance und der Barockzeit, beeindrucken zahlreiche Bauten. Es lohnt sich, einen halben Tag durch die ehemalige Hauptstraße des Dorfes, die Knittlinger Straße und die sie bogenförmig umfahrende Herzenbühlgasse und Kirchenburggasse zu gehen, um die sehenswerten Häuser zu bewundern.

Abb. 234   Abb. 235

Lienzingen – Knittlinger Straße 16
Abb. 234/235

Im Erdgeschoß, mit Bossenquadern an den Ecken, ist eine Schrifttafel mit Verdachung aus Sandstein eingelassen. Unter dem Hauszeichen der Metzger die Jahreszahl 1749. Bei diesem sehr gut sanierten sehenswerten Hause bildet die K-Strebe die Hauptverstrebungsform, zweimal auch der aus ihr spiegelbildlich gebildete K-Streben-Mann.

Auf der Wandschwelle stehen die Balkenköpfe mit profilierter Schwelle über. Alle Fachwerkstöcke stehen wenig vor. Die Balkenköpfe bleiben sichtbar, die Schwellen sind profiliert. Am rechten Eckständer eine gedrehte Dreiviertelsäule mit Spiralen. Herzförmig rot umfaßt ist die Jahreszahl 1749.

Abb. 236   Abb. 237

Haus Knittlinger Straße 12
Abb. 236

Es ist wohl das größte unter den Fachwerkhäusern von Lienzingen. Der mächtige Bau steht mit der Traufe an der Straße. Dort liegt links die Durchfahrt zum Hof. Nach der nunmehr vorbildlich durchgeführten Instandsetzung ist das Außenwandgefüge aus der zweiten Hälfte des 18. Jahrhunderts beeindruckend. Auf dem Kellergeschoß stehen zwei Fachwerkstöcke, darüber im Giebeldreieck mit Wetterdach noch drei Fachwerkstöcke, jeweils bündig übereinander. In den Fensterbrüstungen wechseln negative Rauten mit geraden Andreaskreuzen. Die Fenster sind von profilierten Gewänden gerahmt. Zwischen ihnen K-Streben, lange Fußstreben bis zum Sturzriegel und die K-Strebe doppelt als Form des Mannes. Zwischen den Fenstern des Erdstockes ist eine Sandsteintafel eingelassen. Unter dem Zeichen der Bäcker eine von zwei Löwen gehaltene Brezel mit der Jahreszahl 1781.

Lienzingen — Knittlinger Straße 20
Abb. 237

Durch das massive hohe Kellergeschoß und Erdgeschoß hebt dieses Gebäude sich unter den Häusern dieser Straßenseite hervor. Die Wohlhabenheit seiner Erbauer ist unverkennbar. Zwischen den Erdgeschoßfenstern ist eine spitzgieblige Sandsteintafel eingemauert, auf der unter der Inschrift ein Geißbock und die Jahreszahl 1737 zu sehen sind. Auch im Gewände des Kellerabgangs nochmals 1737.

Die beiden Dachstöcke mit Krüppelwalm stehen über den Fachwerkoberstock vor. In den Brüstungen negative Rauten, Andreaskreuze und kurze Schräghölzer mit Nasen, die K-Strebe und Fußstreben bis zum Sturzriegel. Auffallend sind in beiden Dachstöcken die wandhohen Rauten, in die noch kleine Andreaskreuze eingesetzt sind. Am rechten Eckständer eine feine, stabförmige Dreiviertelsäule.

Abb. 238

Lienzingen – Knittlinger Straße 8
Abb. 238

Im Fachwerkoberstock dieses Hauses sind an der ganzen Traufseite einige besonders fein geformte Fränkische Fenstererker erhalten geblieben. Nur die beiden linken Erker sind wohl bei der gut durchgeführten Instandsetzung erneuert worden.

Die seitlich vorstehenden bohlendicken Gewändehölzer, wie auch die in der Mitte stützenden Konsolen, reichen weit nach unten, bis fast zur Schwelle. In barockem Schwung gehen schlanke Wulste in Kehlungen über, zieren Querbänder und feine senkrechte, mit den Hölzern mitlaufende Einkerbungen. Diese feingliedrige Formensprache begeistert durch die Leichtigkeit der Schnitzkunst. Die krummen Stützhölzer mit Nasen als bekannte Zierformen in den Brüstungen wirken hier dagegen im Vergleich schon plump. Am rechten Eckständer ein geschnürter Dreiviertelstab mit Spiralen an den Enden und die Jahreszahl 1726.

Lienzingen – Kirchenburggasse 14
Abb. 239

Von der Knittlinger Straße her gut sichtbar steht in der Kirchenburggasse vor dem Kirchturm der ehemaligen Kirchenburg ein gut instandgesetztes kleines Haus. Fachwerkerdstock und Oberstock stammen noch aus der ersten Hälfte des 16. Jahrhunderts. Der Oberstock kragt vor, die Eck- und Bundständer stehen auf dem sichtbaren Fußboden. Die Konsolen an den Eck- und Bundständern sind durch grobe Abgratungen und Einkerbungen geformt. Die Füllhölzer zwischen dem Traggerüst, den Ständern, Wandschwellen und Wandrähmen wurden zusammen mit der Vergrößerung und Schließung von Fenstern verändert. Das schön gestaltete Giebeldreieck ist aus späterer Zeit, der Renaissance, um 1600. Die ausgeputzten Augen beim Fränkischen Mann, bei den kurzen Fußstreben und dem schweiften Andreaskreuz mit seitlich gekurvten ausgeputzten Hölzern schmücken das ganze, sehr beachtenswerte Fachwerkhaus.

Abb. 239

Abb. 240

Abb. 241

Lienzingen – Kirchenburggasse 20
Abb. 240/241

Bei diesem erhaltenswerten und sanierungsbedürftigen Fachwerkhaus stehen wie bei der Mehrzahl der Häuser in Lienzingen zwei Fachwerkstöcke über dem herausgehobenen Kellergeschoß. Darüber das klar gegliederte Giebeldreieck. Alle Stockwerke springen vor, die Balkenköpfe bleiben sichtbar. Beim Oberstock stehen die Eck- und Bundständer auf dem sichtbaren Fußboden. Die vergrößerten Fenster stören vor allem in den Fenstererkern an den linken Eckständern. Das Gefüge ist einfach. Lange Fußstreben bis zum Sturzriegel, kurze Streben im Bereich der Fenster. In den Dachstöcken noch der Fränkische Mann und zwei geschweifte Andreaskreuze mit Nasen und ausgeputzten Augen. Diese Hölzer und die schön geformten Konsolen mit Wulst, Blatt und Kehle an den Bund- und Eckständern sind Hinweise auf die Erbauungszeit dieses ehemaligen Pfarrhauses, die um 1600 angenommen werden kann.

Die Konsolen der beiden Bundständer sind besonders verziert. Bei der unteren Konsole, unter Wulst und Kehlen, zwei gekreuzte Stäbe, bei der oberen Konsole, zwischen je drei waagerechten Sägeschnitten, zweimal vier schräglaufende, sich kreuzende Einkerbungen.

Abb. 242 Abb. 243

Lienzingen – Herzenbühlgasse 24
Abb. 242/243

Erst vor kurzem konnten die umfangreichen, gut durchgeführten Sanierungsarbeiten abgeschlossen werden.

Über dem hohen Kellergeschoß stehen zwei Fachwerkstöcke und zwei Dachstöcke, die jeweils kräftig überkragen. Beim Oberstock stehen die Eckständer und der außermittige Bundständer auf dem sichtbaren Fußboden. In beiden Stöcken beidseits des rechten Eckständers, der Raumgröße entsprechend, Reste von Fenstererkern. Hier besonders wurde das Gefüge bei der Fenstervergrößerung geändert. Das Giebeldreieck ist einfach, doch schön gegliedert. Einzige Zierformen bilden die Konsolen an den Eck- und Bundständern mit kräftigem Wulst, Stab und Kehle. An der Konsole des unteren Bundständers statt Wulsten und Kehlen zwei gekreuzte Stäbe und ein Symbolzeichen. Erbauungszeit noch vor 1600.

Abb. 244

Lienzingen – Herzenbühlgasse 3
Abb. 244

Das erhaltenswerte Gebäude ist dringend sanierungsbedürftig. Es erfreut durch die Ausgewogenheit im Außenwandgefüge. Der Fachwerkerdstock und der überstehende Oberstock haben ähnliche Gestalt. Alte, zugemauerte Fensteröffnungen lassen die ursprüngliche Größe und Lage erkennen. Beim Einbau der größeren Fenster wurden Zwischenständer eingesetzt. Über den Erdstock stehen der Oberstock und die beiden Dachstöcke jeweils kräftig vor. Die Balkenköpfe bleiben sichtbar. Die Eck- und Bundständer ruhen auf den Balken. Die Schwellen zapfen seitlich ein. Das Giebeldreieck scheint ursprünglich. Der Fränkische Mann, kurze Fußstreben, gerade Andreaskreuze und die durchlaufenden Brust- und Sturzriegel sind hier die einfache, sparsame Formensprache der Zeit um 1600. Einzige Zierformen bilden die langen Konsolen mit schönen Wulsten und Kehlen. Ein gutes Beispiel einfacher Renaissancebauweise. Keine gekurvten und geschnitzten Bildungen, nur gerade Hölzer, sinnvoll eingesetzt.

Abb. 245

Lienzingen – Herzenbühlgasse 26
Abb. 245

Mit verhältnismäßig geringen Änderungen bei der Vergrößerung der Fenster blieb ein gutes Beispiel vom Ende des 17. Jahrhundert erhalten. Am unteren Bundständer die Jahreszahl 1686.

Über herausgezogenem Kellergeschoß ein Fachwerkstock mit kräftigen Schwellen, deren Enden hälftig vorstehen und einander überblatten. Im vorkragenden Oberstock mit sichtbaren Balken- und Stichbalkenköpfen und profilierten Schwellen ein gering vorstehender Fenstererker, von profilierten Konsolen gestützt. Darüber zwei vorkragende Giebelstöcke mit sichtbaren Balkenköpfen und aufgekämmten profilierten Schwellen. An den Giebelsparren beider Dachstöcke kräftiger Zahnschnittfries. Die in der zweiten Hälfte des 17. Jahrhunderts üblichen Verstrebungsformen zieren die Außenwände: Wandhohe Andreaskreuze über gleichgroßen Rauten, in den Brüstungen nach innen gebogene Rauten, gerade Andreaskreuze und Andreaskreuze über Rauten. Andreaskreuze über dem Brustriegel, der Fränkische Mann im unteren Dachstock, kleine freistehende und an die Ständer gelehnte Streben unter den Brustriegeln und Streben bis zu den Sturzriegeln im oberen Dachstock. Das Haus ist in seiner Formensprache ein Beispiel großen handwerklichen Könnens.

Malsch

5 km nordwestlich Östringen

Nach der Zerstörung des Ortes 1689 durch die Franzosen erfolgte der Wiederaufbau erstaunlich früh und mit Zeichen bereits wieder erworbenen Wohlstands.

Haus Ringstraße 2
Abb. 246–248

Hier ist ein gut instandgesetztes Fachwerkhaus aus dem Jahre 1698 erhalten geblieben. Über dem hohen Kellergeschoß aus Naturstein stehen zwei Fachwerkstöcke, darüber noch zwei Dachstöcke. Im Außenwandgefüge scheint wenig verändert. Die einzelnen Stockwerke stehen nur noch wenig vor, die Balkenköpfe sind sichtbar. Die Mitte des Erd- und Oberstocks schmückt jeweils ein Fränkischer Fenstererker durch verzierte Dreiviertelsäulchen in den Seitenhölzern mit schön geformten unteren Endungen. Die Erkerverdachungen und die Schwellen der Stockwerke sind profiliert. Die Brüstung des oberen Erkers ist kunstvoll ausgefüllt: Breite Hölzer gestalten eine negative Raute, die beidseits zangenhaft gefaßt und durch kurze Schräghölzer gehalten wird.

Auch die beiden Dachstöcke erhielten schmückende Hölzer. Gekrümmte Andreaskreuze, pilasterförmige senkrechte und geschweifte schmale Aussteifungen mit Nasen. Der Fränkische Mann mit kleinen Kopfwinkelhölzern und ausgemalten Augen und oben noch eine eingezogene Raute mit Andreaskreuz darauf sind weitere Zierformen. Am rechten Eckständer des Oberstock steht in kleiner Nische mit Umrahmung und Kreuz eine Madonna. Darunter auf aufgesetztem geschnitztem Holzteil mehrzeilig: H · CW · ICH · 1698 · AIIB ·.

Abb. 246

Abb. 247

Abb. 248 Malsch Ringstraße 2

Abb. 249 Abb. 250

Malsch – Hauptstraße 77
Abb. 249

Bei diesem kleinen Haus scheinen nur die beiden rechten Fenster des Fachwerkstocks verändert zu sein. Die ursprüngliche Größe, später zugemauert, bleibt neben dem rechten Fenster sichtbar. In der Mitte des Stocks ursprünglich ein wandhohes Andreaskreuz. Links wurden die vorstehenden Hölzer des Erkers abgebeilt. In seiner Brüstung wieder die große negative Raute zwischen Klammern wie am Haus Ringstraße 2. Im Dachstock unter dem großen Krüppelwalm zweimal der Fränkische Mann mit einseitigem Kopfwinkelholz. Im Brüstungsfeld zwei Andreaskreuze.

Am linken Eckständer ein zierlicher Dreiviertelstab, der oben in einer Fratze endet. Auf einer wappenförmig farbig herausgehobenen Fläche drei Zeilen: · 171 · HW · AnnA ·. Die Jahreszahl kann als 1701 oder 1711 gedeutet werden.

Malsch – Hauptstraße 79
Abb. 250

Wenige Meter entfernt zeigt der kleine Fachwerkgiebel des breiten Nachbarhauses Ähnlichkeiten auf. Der schmale Fachwerkoberstock steht, wie auch das zierliche Giebeldreieck, wenig vor. In der breiten Fensterbrüstung auch hier die große negative Raute mit Klammern. Die Kopfwinkelhölzer über den Eckstreben haben keine ausgeputzten Augen. An deren Stelle wurden kleine farbige Ornamente aufgemalt. Unter dem Fenster im Dachdreieck ein Andreaskreuz mit Nasen über eingezogener Raute. Am linken Eckständer ein feines Dreiviertelsäulchen. Daneben in herzförmiger Umrahmung zweizeilig: · 1690 · AH ·.

Maulbronn
9 km südöstlich Bretten

Im weithin bekannten Kloster Maulbronn ist die gesamte befestigte Klosteranlage einschließlich der Wohnhäuser, der Stallungen, Wirtschaftsgebäude und Vorratsspeicher erhalten geblieben.

Der nahe gelegene heute noch in Betrieb befindliche Buntsandsteinbruch ermöglichte es den Mönchen, nach der für die Zisterzienser gültigen Bauregel durch die Jahrhunderte ihre Kirche und die Konventgebäude in Werkstein zu errichten. Auch die zur Selbstversorgung und Unabhängigkeit erforderlichen Wirtschaftsgebäude wurden zumindest im Erdgeschoß aus Sandstein errichtet. Darauf stehen als Oberstock heute noch einige bedeutende Fachwerkbauten, die einen Rundgang wert sind.

Maulbronn – Klosterhof 32
Abb. 251/252

Die ehemalige Klosterschmiede ist ein mächtiger Bau. Auf dem Erdgeschoß aus Naturstein sind zwei Fachwerkstöcke errichtet. Das Traggerüst aus Eck- und Bundständern mit ihren Verstrebungen, wandhohe steile Streben und kurze Fußstreben, blieb erhalten. Beide Stockwerke stehen jeweils vor, über den Balkenköpfen ist die Dielung sichtbar. Doppelte Außenwandrähme sind bei den weiten Abständen der Stützhölzer erforderlich. Brust- und Sturzriegel und die Fenster zwischen den Bundständern wurden verändert. Die ursprüngliche Gliederung ist nicht mehr erkennbar. Dennoch ist der Gesamteindruck sehr altertümlich. Der im Hinweisschild stehende Text: „Fachwerkbau um 1300" kann nicht zutreffen. Um oder nach 1400 ist als Erbauungszeit denkbar.

Abb. 251

Abb. 252

Abb. 253

Maulbronn – Klosterhof 29
Abb. 253

Der ehemalige Haberkasten stammt aus dem Ende des 15. Jahrhundert. Das schmale, sehr lange Gebäude hat über dem Sandsteinerdgeschoß einen Fachwerkoberstock mit dreistöckigem Giebel. Alle Fenster wurden den späteren Wohnbedürfnissen entsprechend einfühlsam vergrößert. Auffallend wieder die doppelten Rähme als oberer Wandabschluß im Oberstock und dem ersten Dachstock. Die Dachstöcke stehen mit sichtbaren Balkenköpfen über. Beim unteren ist der Fußboden außen sichtbar. Typisch für die Zeit die Einzelverstrebung aller Ständer beidseits mit kurzen Fußstreben. Die Konsole am rechten Eckständer ist durch schräge Sägeschnitte hervorgehoben.

Abb. 254   Abb. 255

Maulbronn – Klosterhof 28
Abb. 254

In diesem ebenfalls langen Gebäude war ehemals die Pfisterei, die Klosterbäckerei, untergebracht. Als Erbauungsdatum wird 1520/21 angegeben. Das Erdgeschoß aus Sandstein enthielt, heute noch erkennbar, auch die Ställe für die Esel der Müller und Bäcker. Zum Fachwerkoberstock führt an der Giebelseite eine überdachte Treppe. Die beiden Dachstöcke stehen kräftig vor. Über ihnen noch ein Krüppelwalm. Beim Oberstock sichtbarer Fußboden. Im unteren Dachstock lange Streben, im oberen noch kurze Fußstreben beidseits der Ständer. Die starken Konsolen an den Eck- und Bundständern sind mit schrägen groben Einkerbungen verziert.

Maulbronn – Klosterhof 21
Abb. 255

Das ehemalige Gesindehaus, heute Restaurant Zur Klosterkatz, soll um 1520 erbaut worden sein. Über dem massiven Erdgeschoß breit gelagert ein Fachwerkoberstock und drei Dachstöcke mit Krüppelwalm als oberem Abschluß. Die vergrößerten Fenster stören vor allem im Oberstock, sie zerstören das Gefüge. Kurze Fußstreben beidseits der Ständer zeigen wenig von den ursprünglichen Gliederungen. In den Oberstöcken lange Streben bis zu den Sturzriegeln beidseits der Bundständer. Dazwischen, der dortigen Fenster wegen, kurze Fußstreben. Sämtliche Stockwerke springen vor, bei ihnen ist der Fußboden außen sichtbar.

Abb. 256

Meckesheim
10 km nordwestlich Sinsheim
Haus Hirschgasse 8
Abb. 256

Auf dem rückwärts in den Hang gebauten Kellergeschoß steht ein einfaches Haus aus dem 18. Jahrhundert mit Erdstock und zweistöckigem Giebel aus Fachwerk. Das Giebeldreieck ist kräftig vorgezogen, die Balkenköpfe bleiben sichtbar. Nur die Schwellen sind profiliert. Lange Fußstreben reichen bis zu den Sturzriegeln. Im Erdstock die K-Strebe. Das instandgesetzte Fachwerk überzeugt durch den zweckmäßigen Einsatz aller Hölzer. Das Haus ist eine Bereicherung für den ganzen Ort. Der Eindruck hätte durch Sprossen in den einscheibigen Fenstern noch gesteigert werden können.

Abb. 257

Mühlbach – Haus Hauptstraße 48
Abb. 257

Sehr ansprechend saniert zeigt sich über hohem Untergeschoß ein Fachwerkgiebel mit Erdstock und zwei jeweils überstehenden Dachstöcken. Die Schwellen auf den Balken beider Dachstöcke sind wie üblich profiliert. Mit wenigen Hölzern ist der Giebel gestaltet. Wandhohe Streben und Andreaskreuz, halblange und kurze Streben genügen. Eine Besonderheit hat dieses Haus im ehemaligen Steinhauerdorf Mühlbach: Der dem Steinbau nachempfundene Zahnschnitt betont das Giebeldreieck. Er ziert die Rähme, die oberen waagerechten Hölzer der Erdstock- und der unteren Dachstockwand und die Giebelsparren. Das Haus ist vielleicht noch der zweiten Hälfte des 17. Jahrhunderts zuzurechnen.

Mühlbach
südlicher Stadtteil von Eppingen

Haus Hauptstraße 60
Abb. 258

Der Winkelbau des stattlichen Hauses steht mit einem Giebel zur Straße. Der Oberstock springt über den sichtbaren Balkenköpfen vor, die anderen Stöcke bleiben bündig. Die Gliederung der beiden Fachwerkstöcke und des zweistöckigen Giebels erfolgt durch K-Streben, lange und kurze gerade Streben und Andreaskreuze unter Fenstern. Am linken oberen Eckständer in schildförmiger Umrahmung dreizeilig: N S M E S 1754. Am unteren Eckständer dreizeilig: H V G 1714.

Abb. 258

Mühlbach – Haus Schalksgasse 4
Abb. 259/260

Auf der rechten Seite der schmalen Gasse steht eines der schönsten Häuser der Renaissance im Kraichgau. Es soll als Handwerkerhaus von einem Küfer und seinen beiden Söhnen erbaut worden sein. In das Gewände des Eingangs wurde kunstvoll die Jahreszahl · 1 · 5 · 8 · 2 · eingemeisselt.

Das Erdgeschoß aus Sandstein mit prächtigen Tür- und Fenstergewänden trägt einen Fachwerkstock. Seine Traufseite ist ein Kleinod der Holzbaukunst des 16. Jahrhundert. Der Giebel an der Gasse wurde bei der Generalsanierung des Hauses 1974 mit einfacher Gliederung zusammen mit dem rechten Eckständer nochmals erneuert. Bei diesen Arbeiten wurde auch der Giebelerker eingesetzt. Er ist dem alten nachgebaut. An seinem Brustriegel steht als Schriftband: ERBAUT · 1582 · HANS WEIDMANN · · RENOVIERT · 1974 · EMIL · GEBHARD ·.

Man muß in den Hof gehen, um die im Original erhaltene Traufseite bewundern zu können. Das ist klassische Fachwerk-Renaissance von einmaligem Wert. Die Hölzer sind ganzflächig von Schnitzwerk, Flecht- und Bandwerk, Rosetten und Punktstreifen überwuchert. Einen Bundständer ziert ein stilisiertes Bäumchen mit gezackten Blättern. Und dann noch die Fenstererker in der schon so lebhaft gestalteten Fachwerkwand. Dreiviertelsäulchen an den Seiten mit Basis und Voluten, Schuppenbändern und Verdachung. Auf dem Brustholz des rechten Erkers noch ein ebenfalls erst 1974 eingeschnitztes Schriftband: JESUS · CHRISTUS · GESTERN · UND · HEUTE · UND · DERSELBE · AUCH · IN · EWIGKEIT ·. Alles Zierwerk ist farblich heiter hervorgehoben, das ganze Gebäude gepflegt und in gutem Zustand.

In einer Zeit des Wohlstands, in den Jahrzehnten vor dem Dreißigjährigen Kriege, wurde im Jahre 1582 dieses Kunstwerk errichtet. Wir sind dankbar, daß die Hoftraufseite im Original erhalten geblieben ist.

Abb. 259

Abb. 260

Münzesheim
Stadtteil von Kraichtal, 10 km nördlich Bretten

Abseits der Durchgangsstraße stehen noch zahlreiche Fachwerkhäuser. Der Ortskern ist ein Fachwerk-Museum, ist eine Reise wert.

Haus Unterdorfstraße 17
Abb. 261–268

An einer Straßenecke des Kirchplatzes steht die Alte Schmiede. Sie wurde 1684 erbaut. Giebel- und Längstraufseite stehen entsprechend den Grundstücksgrenzen im stumpfen Winkel zueinander. Parallel zum Giebel, also auch stumpfwinklig, ist die Hausfläche in vier Querstreifen unterteilt. An der östlichen Traufseite zwei Treppen zum Podest vor dem Eingang. Darüber, von zwei abgefasten Holzsäulen getragen, großer erkerartiger Vorbau mit Giebeldach, in dieser Gegend „Kanzel" genannt. Der Fachwerkoberstock und das Giebeldreieck kragen vor. Die gefasten Balkenköpfe bleiben sichtbar. Das Fachwerk beider Schauseiten ist einfach konstruiert. Die Eck- und Bundständer sind nicht mehr betont, keine Gruppenbildung mehr, der Fränkische Mann ist verschwunden. Lange Streben laufen frei von der Schwelle zum Rähm.

An der Straßenecke, zur Betonung der Schauseiten, in beiden Stockwerken Fenstererker, deren seitliche Gewände und Verdachungen erhalten sind. Die Brüstungen und Fenster wurden verändert. An den Fenstererkern und der „Kanzel" als Schmuckformen gebogene Rauten, Andreaskreuze und Überschneidungen beider Figuren. Die Wirkung dieser wenigen Zierformen wird wesentlich gesteigert durch die barocken, vom Steinbau beeinflußten Schnitzereien an den Fenstererkern und erkerartig gefaßten Flächen der Kanzel. An der Schwelle des kleinen Dachgiebels der Kanzel die Inschrift: DAS HAUS STEH ... SEIN HAUSFRAU ANNA ... 1684. Die Schmiede gilt als „der schönste Fachwerkbau der Gegend". Der einfache Eindruck durch die strenge Anordnung der Hölzer wird übertönt von dem farbig behandelten, lustig emporkletternden barocken Rankenwerk.

Die Eckständer der Kanzel und den oberen Ständer der Hauptecke schmücken gewundene Dreiviertelsäulchen mit korinthischem Kopfstück und mit Masken bedeckten Konsolen. Der untere Ständer der Hauptecke ist überdeckt von barocken Spiralen, aus denen Weintrauben hervorquellen.

In den Jahren 1987/89 wurde das Gebäude gründlich und sehr gut saniert. Auch die Um- und Erweiterungsbauten im Innenhof sind geglückt. Die neuen, in der Lage z. T. korrigierten Fenster mit Sprossenteilungen und die kleinen Schleppgauben entsprechen unserer heutigen Vorstellung. Die der alten angepaßte neue Farbgebung ist fröhlich-kräftig, doch ohne Übertreibung und bringt alle Zierformen voll zur Geltung.

Störend steht eine Straßendoppelleuchte direkt vor der sehenswerten Hauptecke des Fachwerkhauses.

Abb. 261 Münzesheim Unterdorfstraße 17

Abb. 262 vor der Sanierung

Abb. 263 nach der Sanierung

Abb. 264 Münzesheim Unterdorfstraße 17

Abb. 265

Abb. 266

Abb. 267

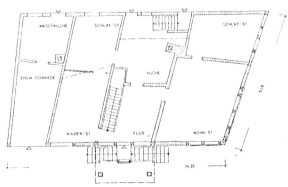

Abb. 268 Grundriß

Abb. 269　　　　　　　　　　　　　　　　　　Abb. 270

Münzesheim – Unterdorfstraße 3
Abb. 269

Das vor einigen Jahren gut wieder hergestellte große Fachwerkhaus beeindruckt durch die Ausgewogenheit des Fachwerks. Gerade lange Streben, ein wandhohes Andreaskreuz, kurze gerade Streben und die Brust- und Sturzriegel sind die sparsam verwendeten Hölzer im Erd- und Oberstock und in den Dachstöcken. Die einzelnen Fachwerkstöcke kragen etwas vor. Die Schwellen sind profiliert, die Balkenköpfe bleiben sichtbar. Reich verziert ist allein die Mitte des Oberstocks über der Durchfahrt. Ein Fenstererker, schön geschnitzt an den Außenecken und unteren Enden der senkrechten Gewändehölzer, nimmt die ganze Breite ein. Seine Brüstungen zieren Andreaskreuze und aus kurzen Hölzern gebildete Rauten. Die behutsam vergrößerten Fenster mit Sprossenteilungen und die neuen Dachgauben unterstreichen den guten Gesamteindruck. In der Durchfahrt links an einem Riegel ist als Schriftband zu lesen: HANS · WIESER · ANWALD · ANNO 1 · 6 · 87.

Münzesheim – Unterdorfstraße 21
Abb. 270

In einer Kurve steht das gut instandgesetzte Fachwerkhaus mit dem Giebel zur Straße. Im Erdstock links die Durchfahrt zum Hof. Der Oberstock und beide Dachstöcke mit profilierten Schwellen kragen jeweils etwas vor. Über dem Erdstock bleiben die Balkenköpfe sichtbar. Die vergrößerten Fenster mit Sprossenteilung sind gut eingefügt. Auf Zierformen wurde verzichtet. Lange Streben, die K-Strebe und kurze Hölzer genügen, um den schönen Giebel aus dem Anfang des 18. Jahrhunderts zu gestalten.

Abb. 271 Abb. 272

Münzesheim — Unterdorfstraße 37
Abb. 271

An der platzartigen Erweiterung der Unterdorfstraße steht im Blickfeld ein fast baufälliges, dringend sanierungsbedürftiges, älteres Fachwerkhaus. Das Erdgeschoß hatte ursprünglich auch Fachwerkaußenwände. Im Fachwerkoberstock liegt, außen sichtbar, der Fußboden auf den Balkenenden. Die Bund- und Eckständer stehen auf ihm. Das Giebeldreieck mit seinen beiden überstehenden Dachstöcken scheint nicht verändert. Lange Streben und Andreaskreuze unter den Brustriegeln sind die Bauteile der gut gestalteten Giebeldreiecke. Am linken Eckständer des Fachwerkstocks sind noch Reste eines Fenstererkers zu erkennen.

Der große Vorbau an der Traufseite des Oberstocks mit kleinem Giebel über dem Eingang wird von zwei Holzsäulen getragen. Diese „Kanzel" ist noch nicht so leicht und zierlich gestaltet und angefügt wie bei der jüngeren Schmiede Unterdorfstraße 17. Das wertvolle Haus ist noch im 16. Jahrhundert erbaut worden.

Münzesheim — Obere Torstraße 19
Abb. 272

Auch im östlichen Teil des Ortskerns blieben an der Oberen Torstraße einige wertvolle Fachwerkhäuser erhalten. Hierzu gehört das wie die anderen mit dem Giebel zur engen Straße stehende Haus Nr. 19. In beiden Fachwerkstöcken stehen die Bund- und Eckständer auf den vorstehenden Balken. Die erneuerten Fenster sind gut eingepaßt. Das wenig veränderte Außenwandgefüge beschränkt sich auf lange und kurze Streben und gerade Andreaskreuze. Kurze kräftige Knaggen an den Eck- und Bundständern mit Wulsten und Kehlen sind Elemente der Renaissance. Das Giebeldreieck gleicht dem älteren von der Unterdorfstraße 37. Dieses Haus hier entstand in der zweiten Hälfte des 16. Jahrhunderts.

Abb. 273

Neckarbischofsheim
9 km nordöstlich Sinsheim

Vor den beiden Fachwerkhäusern Hauptstraße 30 – Renthaus – und Hauptstraße 28 – Gasthof Löwen – ist Anfang der siebziger Jahre durch Abbruch ein großer Platz entstanden, der bis zur Stadtkirche und in Richtung Marktplatz reicht. Weithin sichtbar begrenzen jetzt die beiden Häuser diesen Platz, denen ursprünglich eine alte Häusergruppe in Straßenbreite gegenüberstand. Ein Zustand, der zu bedauern ist.

Neckarbischofsheim – Hauptstraße 30
Renthaus
Abb. 273 links 274 u. 277

In einer Kurve der Hauptstraße steht das Renthaus der Herren von Helmstatt. Es wurde 1577 erbaut. Über dem niedrigen Keller ein massives Erdgeschoss, darüber ein Fachwerkoberstock und zweistöckiger Giebel. Beim Umbau 1797 im Innern tiefgreifende Veränderungen, im Außenwandgefüge Vergrößerung der Fenster im Oberstock. Querteilung des Grundrisses ursprünglich in drei Streifen. Erdgeschoss und Oberstock sind mittig längsgeteilt. Zur Straße hin, an der Ost- und Südseite des Gebäudes liegen die Haupträume, betont durch größere Fenster im massiven Erdgeschoß und Fenstererker im Oberstock. Diese beiden weithin sichtbaren Seiten des Hauses wurden als „Schauseiten" im Fachwerk künstlerisch gestaltet, während die rückwärtigen Außenwände schmucklos konstruiert sind. An den Eck- und Bundständern ist der Fränkische Mann mit den leicht gebogenen Streben bis zum Sturzriegel und den geschnitzten Knaggen zwischen Sturzriegel und Rähm voll ausgebildet. Nicht mehr konstruktiv bedingt sind die geraden Andreaskreuze im Giebeldreieck und die Zierhölzer zwischen Schwelle und Brustriegel, meist wie die Kopfknaggen des Fränkischen Mannes mit ausgestemmten „Augen" im Holz, die wie die Flächen ausgeputzt wurden.

Die Weiterentwicklung des Fachwerks deutet sich an. Der Überstand der Stockwerke wird wesentlich geringer. Kräftig profilierte Bohlen vor den Schwellen, Giebelwandbalken, Kehlbalken und Giebelsparren betonen die Waagerechte und das Giebeldreieck. Eine großartige Formensprache dieses wohlhabenden letzten Viertels des 16. Jahrhunderts.

Abb. 274 Hauptstraße 30

Abb. 275 Abb. 276

Neckarbischofsheim – Hauptstraße 28
Gasthof Löwen
Abb. 273 rechts, 275 u. 278

An einer platzartigen Erweiterung der Hauptstraße steht neben dem Renthaus von 1577 der „Gasthof Löwen" mit der Hauptseite zur Straße. Zwischen zwei Seitenflügeln am Hauptbau lag rückwärts ein kleiner Innenhof, der im Erdgeschoß und ersten Oberstock überbaut ist. Die Dächer über Hauptbau und Seitenflügeln sind allseits abgewalmt. Die Wände lassen die ursprüngliche Aufteilung kaum näher erkennen. Die doppelten Schwellen und die darunter sichtbaren Balkenköpfe an der Nord-Talseite zeigen, daß zumindest diese Außenwand des massiven Erdgeschosses ursprünglich eine Fachwerkwand war. Im Erdgeschoß an der Straße der Gastraum und Laden, dazwischen durchgehender Treppenflur, rückwärts Nebenzimmer und Nebenräume. Im ersten und zweiten Fachwerkoberstock früher Gastzimmer, heute je eine größere Wohnung. Der Dachraum wird als Speicher genutzt.

Der zweite Fachwerkoberstock kragt allseits vor. Die Verstrebungsfiguren zwischen den engstehenden Ständern im guterhaltenen Außenwandgefüge sind an den Eck- und Bundständern der halbe Mann mit klobigen, gekehlten großen Kopfknaggen. Fußstreben bis zum Brustriegel und lange Kopfstreben über dem Brustriegel, z. T. zur K-Strebe verbunden, füllen die Felder. Keine wandhohen Streben. Einzige Zierhölzer sind kurze geschweifte Streben mit Nasen unter den Fenstern, V-förmig zusammengestellt. Die Eckständer an der Hauptstraße zieren im Mittelteil geschraubte Viertelsäulchen mit primitiv geschnitzten „Neidköpfen" darüber. An diesen Verstrebungsfiguren ist die Zeit der Erbauung noch vor oder um 1700 ablesbar.

Abb. 277 Abb. 278

Neckarbischofsheim – Der Fünfeckige Turm
Bergstraße 10
Abb. 276

Nicht weit oberhalb des freien Platzes, der erweiterten Hauptstraße, ist der sogenannte Fünfeckige Turm als eindrucksvoller Rest der ehemaligen Stadtbefestigung erhalten geblieben. Im Jahre 1448 soll er erbaut worden sein. Wahrscheinlich war er damals, wie z. B. in Heilbronn, rückwärts, zur Stadtseite hin, offen. Als er seine Bedeutung als Eckpfeiler der Befestigungsanlage verloren hatte und anderen Zwecken dienen sollte, wurde die Rückseite mit Fachwerk geschlossen und in Stockwerke unterteilt. Zweckentsprechend und ohne Zierformen steifen lange und kurze Streben das Gefüge aus. Die kleinen Fenster lehnen sich an die wandhohen Gewändehölzer, von Brust- und Sturzriegeln begrenzt. Die Turmuhr im obersten Stock ist weithin sichtbar.

Abb. 279 Abb. 280

Neckargemünd

Neckargemünd grenzt noch an den nördlichen Kraichgau. Von den Fachwerkhäusern werden nur einige vorgestellt.

Neckarstraße 40 – Gasthaus Zum Ritter
Abb. 279

In der engen Straße fällt das Gasthaus Zum Ritter mit dem schönen Fachwerkgiebel besonders auf. Über dem massiven Erdgeschoß sind der Fachwerkoberstock und zwei Dachstöcke mit Krüppelwalm, die jeweils überstehen, aufgebaut. Die Formen der Renaissance, der zweiten Hälfte des 16. Jahrhunderts, die zahlreichen geraden und geschweiften Andreaskreuze mit Zacken, füllen die Brüstungen. Dazwischen der halbe Fränkische Mann und kurze Streben. Die Balkenköpfe unter den Dachstöcken sind sichtbar, die Balken und die Schwellen des unteren Fachwerkstocks sind von profilierten Bohlen abgedeckt. Die Flächen zwischen den Balkenköpfen des unteren Dachstocks sind mit Rollen und Dreiviertelstäben mit Einkerbungen, Einschnürungen und Perlenbändern ausgefüllt.

Das barock mit Spiralformen gestaltete Wirtshausschild mit dem weit ausladenden, nach oben geschwungenen Ausleger hält am kopfähnlich gebildeten Ende im Blätterkranz als Hauszeichen den Helm eines Ritters mit Federbusch. Am Renaissance-Gewände der Hofeinfahrt steht die Jahreszahl 1579.

Links vom Gasthaus Zum Ritter ein einfaches Fachwerkhaus aus älterer Zeit.

Neckargemünd – Neckarstraße 36
Abb. 280

Es ist ein sehenswertes merkwürdiges Haus, das bei einfacher Fachwerkgliederung durch die Oberflächenbehandlung auffällt und im Kraichgau ohne Beispiel ist.

Die Oberflächen fast aller Hölzer, der Schwellen, Brust- und Sturzriegel, der Rähme, der Fränkischen Männer, Andreaskreuze und kurzen Streben sind bandartig mit Punkt- und Zackenlinien oder Schuppenbändern verziert. In die kurzen Fußstreben am Mittelständer

Abb. 281 Neckargemünd Marktplatz 14

Abb. 282

des unteren Dachstocks ist ein Männerkopf mit langem Haar und Bart geschnitzt. Über dem Mittelständer und den Fränkischen Männern im unteren Dachstock sind ein Männerkopf und zwei Frauenköpfe farbig herausgehoben. Der obere Dachstock steht vor, die Unterkante seiner mächtigen Schwelle ist kräftig gekehlt. Im oberen Dachstock stark geschweifte Fußstreben.

Dieses wertvolle Fachwerkhaus soll 1507 erbaut worden sein. Wahrscheinlicher ist die zweite Hälfte des 16. Jahrhunderts.

Neckargemünd – Marktplatz 14
Abb. 281/282

Über dem massiv erneuerten Erdgeschoß blieb der Fachwerkoberstock als eine seltene Kostbarkeit der Renaissance erhalten. Hier zeigen sich Reichtum und künstlerisches Schaffen der zweiten Hälfte des 16. Jahrhunderts. Vor allem die senkrechten breiten Ständer sind bedeckt von Schuppen- und Spiralbändern, von Flechtwerk und Zierleisten. Palmetten und Rosetten, an den Fenstererkern Dreiviertelsäulchen, Voluten und Einrollungen. In den Brüstungen geschnitzte breitflächige Andreaskreuze mit ausgeputzten Restflächen und Augen. Am Kopf des rechten Eckständers wappenförmig umrandet die Jahreszahl 1588 und ein Symbolzeichen.

Erst die farbliche Betonung der einzelnen feinen Formen und Ornamente im roten Fachwerk bringt die kostbaren Schnitzereien voll zur Geltung. Vierhundert Jahre nach der Erbauungszeit haben die Restauratoren dem ornamentalen Schnitzwerk mit leuchtenden Farben neue Lebendigkeit gegeben. Eine vielleicht etwas gewagte, sicher doch beispielhafte Lösung.

Neibsheim
nördlicher Stadtteil von Bretten
Haus Heidelsheimer Straße 6
Abb. 283

Im spitzen Winkel zwischen der Heidelsheimer Straße und der Langen Gasse steht eines der wenigen Fachwerkhäuser in Neibsheim, ein eindrucksvoller zweistöckiger Bau mit zwei Stockwerken im Giebeldreieck. Eine zweiläufige Stiege führt an der Traufseite des hohen Untergeschosses zur Haustür. An der Traufseite, zwischen Erd- und Oberstock ein wohl nachträglich eingefügtes Wetterdach. Die Fenster der beiden Fachwerkstöcke wurden vergrößert.

Das Außenwandgefüge ist einfach. Im Giebel die K-Strebe. Einzige Zierformen im Brüstungsband des Fachwerkoberstockes kurze Bänder mit Nasen.

Die Wirkung dieses Fachwerkhauses aus dem 18. Jahrhundert liegt in seiner malerischen Form und dem geschlossenen Gesamteindruck. In der Straßenzweigung davor ein Kruzifix mit Altarsockel.

Neibsheim – Talbachstraße Ecke Junkerstraße
Abb. 284

An der Straßenecke steht ein kleines ansprechendes Fachwerkhaus. Von der abfallenden Talbachstraße sind ebenerdig die Kellerräume zu erreichen. Im Giebel, an der hochliegenden Junkerstraße über eine kurze Treppe erreichbar der Eingang zum Fachwerkstock.

Abb. 283 Neibsheim Heidelsheimer Straße 6

Abb. 284
Talbachstraße

Die Konstruktionsformen der Zeit, K-Strebe und kleine gerade Andreaskreuze unter den Fenstern sind in ihrer gefälligen Anordnung Schmuck und Zierde zugleich. Das Haus wurde in der ersten Hälfte des 18. Jahrhunderts erbaut.

Neidenstein

9 km nördlich Sinsheim

Burg Neidenstein

Abb. 285/286

Die Burg wurde bereits im 13. Jahrhundert zur „Veste" ausgebaut. Die später erfolgte Bebauung des Vorhofs diente nicht mehr der Verteidigung. Erasmus von Venningen, 1533 – 1569, ließ hier zwei prächtige schloßartige Fachwerkhäuser errichten. Das rechte, das „Herrenhaus", mit seiner Schneckenstaffel enthält im Wappen die Jahreszahl 1538. Das linke Gebäude mit zwei kleinen Seitenflügeln ist wohl um die gleiche Zeit erbaut.

Abb. 285

Abb. 286

Diese beiden Fachwerkschlösser wirken durch ihre Lage im ansteigenden Vorhof und durch die Form der Baukörper. Das Außenwandgefüge ist einfach und zweckmäßig. Keine schmückenden Renaissancefiguren, kein Überstand der einzelnen Stockwerke. Gerade, lange und kurze Streben sichern die Außenwände. Der Fränkische Mann, gerade Andreaskreuze und wenige kurze geschweifte Streben mit Nasen sind die sparsam eingesetzten Zierformen.

Neidenstein – Eschelbronner Straße 2
Abb. 287

Im unterhalb der Burg angesiedelten Ort Neidenstein blieben einige Fachwerkhäuser, die Mehrzahl aus dem Anfang des 18. Jahrhunderts, erhalten. Im oberen Ortsteil steht das gut wieder hergestellte Fachwerkhaus mit erneuertem massivem Erdgeschoß. Über den Fachwerkoberstock steht der Giebel nur wenig vor. In den kaum veränderten beiden Dachstöcken dreimal der Fränkische Mann und darüber in der oberen Brüstung Andreaskreuz und Raute. Die späteren Veränderungen im Oberstock stören das Gesamtbild nur wenig. Am linken als Eckpfeiler geschnitzten Ständer: 1716 · ID · Z.

Neidenstein – Bergstraße
Abb. 288

Von der Talseite, der Daisbacher Straße her, sind malerische Fachwerkgruppen an den zum oberen Ortsteil ansteigenden Straßen zu sehen. Am Beginn der Bergstraße links ein Haus mit graublau gestrichenem Fachwerk. Auch hier ist die Erdgeschoßstraßenwand massiv erneuert. Im Fachwerkoberstock an der Ecke als einziger Schmuck zwei Fenstererker mit derben Profilierungen unten an den Gewändehölzern. Bergwärts einfache Fachwerkhäuser aus dem 18. Jahrhundert in lebhaften Gruppierungen.

Abb. 287 Abb. 288

Abb. 289 Abb. 290

Nußbaum
Ortsteil von Neulingen
6 km südlich Bretten

Haus Steiner Straße 11
Abb. 289/290

In der Nachbarschaft einiger gut instandgesetzter Fachwerkhäuser steht ein Fachwerkhaus von 1773. Die Gliederung des Fachwerks, im Oberstock und beiden Dachstöcken mit Krüppelwalm, blieb weitgehend erhalten. Die Zierformen sind K-Streben, lange gebogene Fußstreben bis zum Sturzriegel und kurze Streben. Andreaskreuze füllen die Brüstungen ursprünglicher Fenstererker. Die beiden Dachstöcke mit profilierten Wandrähmen und Schwellen stehen nur noch wenig über. Die teilweise vergrößerten Fenster mit Sprossen sind gut eingefügt.

An der Traufseite des Eckständers wird ein Schriftband zwischen Rosetten von weißen Linien umfahren: „Dieses Hauß hat erbauet Christoph Hehle und seine e·he Frau Mathalen Barbara ANO 1773". Darunter Symbole der Schneider, in der Mitte eine Schere.

Abb. 291

Oberacker
Stadtteil von Kraichtal
8 km nördlich Bretten

Doppelhaus Ringstraße 21 – 23
Abb. 291

Aus der Spätzeit des Fachwerkbaus ist in Oberacker dieses Doppelhaus erhalten geblieben: Alle Stockwerke des Giebels stehen bündig übereinander. Auf den Giebelwandbalken liegen die Schwellen auf, beide Hölzer leicht profiliert. Einzige Zierformen bilden die K-Streben, sonst sichern nur lange und halbhohe Streben die Außenwände. Über dem linken Eingang im Gewändesturz: 18 IFW 02.

Diese Jahreszahl dürfte das Erbauungsdatum sein.

Abb. 292 Oberderdingen Brettener Straße 39

Oberderdingen
8 km nordöstlich Bretten
Haus Brettener Straße 39
Abb. 292 – 294

Das 1686 erbaute Handwerkerhaus steht mit dem Westgiebel, seiner Schauseite, an der Straße nach Bretten. Im herausgezogenen massiven Untergeschoß ein gewölbter Keller mit Ausgang über eine vorgezogene breite Treppe und zweiflügeligem Rundbogentor zur Straße. Über dem tiefen Keller und dem ebenerdigen Lagerraum mit um drei Stufen versetzten Höhen, aber durchgehender Decke, der erste niedrige Fachwerkstock mit ehemaliger Werkstatt und Lagerraum. Der Eingang zur Werkstatt lag neben dem Rundbogentor im Straßengiebel. Der Eingang zu den Oberstöcken und von rückwärts zur Werkstatt am hinteren Giebel im letzten der drei Querstreifen mit der Treppe. Im zweiten und dritten Fachwerkstock Wohnungen, im Dach Speicherräume. Die in zwei Streifen teilende Längswand steht außermittig und bildet so der Nutzung entsprechend ungleich große Räume. Im unteren Dachstock stehender, im oberen liegender Kehlbalkendachstuhl. Die alten Treppen mit Blockstufen sind zum Teil erhalten. Von Bedeutung für die Entwicklung des Außenwandgefüges ist die Schauseite, der Straßengiebel. Der Kellerabgang mit Rundbogentor ist wegen der Kopfhöhe noch 1,50 m vor die Giebelflucht vorgezogen. Über der gleichen Fläche, ohne Vorkragungen, ein Erkervorbau durch alle Fachwerkstöcke mit Giebeldach. Der mittlere und der obere Fachwerkstock kragen nur zum Giebel vor. Darüber nochmals drei vorgezogene Dachstöcke. Die Balkenköpfe sind sichtbar, die Schwellen profiliert. An den Eckständern zum Teil noch der Fränkische Mann. In den unteren Brüstungen vielfach das Andreaskreuz. Besonders betont werden die Brüstungsfelder im Erker und in den Dachstöcken. Bandartig füllen nebeneinander Rauten und sie überblattende Andreaskreuze die Gefache mit kleinen Restputzflächen. Einige geschwungene mit Nasen besetzte Hölzer, noch dekorativ in den Giebelstöcken und zweimal das Andreaskreuz über kleinem Kreis. Die Bildung der Speicheröffnungen im Giebel blieb seit 150 Jahren gleich. Die Gewändesteile sitzen auf den Brustriegeln und zapfen oben in die Rähme. Die Sturzriegel zapfen in die Stiele ein. Keine Betonung der Eck- und Bundständer mehr. Der außermittige Erkervorbau wiederholt die Gliederung des Giebels. Die Waagerechte herrscht vor. Die Brüstungen zeigen rein dekorative Gefachfüllungen. Ein letztes Beispiel vor dem Kriege mit Frankreich.

Soweit der Zustand des Hauses bis etwa 1980. Nun sollte die Fahrbahn der Brettener Straße an dieser Engstelle verbreitert werden. Diesem notwendigen Vorhaben stand der um 1.50 m in die Straße vorgezogene Kellerabgang mit darauf sitzendem Erker im Wege. So wurde der Abbruch des alten Hauses in Erwägung gezogen. Schließlich erhielt die auch von mir vorgeschlagene Lösung, wie das Bauwerk zu erhalten sei, die Zustimmung aller maßgebenden Stellen: Verbunden mit der notwendigen Sanierung des Fachwerkhauses wurde der Kellerhals abgebrochen und der Erker auf zwei kräftige Stahlstützen gestellt, stabil genug gegen Beschädigung durch Kraftfahrzeuge (Abb. 294). Sie sind mit Kalksteinpfeilern ummantelt. Der Gehweg neben der verbreiterten Fahrbahn führt nun unter dem Erker hindurch. Ein Beispiel guter Denkmalpflege. (Abb. 292).

Abb. 293 Alter Zustand

Abb. 294 mit Stahlstützen

Oberderdingen – Brettener Straße 36
Abb. 295

Das Haus steht mit der langen Traufseite an der Straße. Über dem massiven Erdgeschoß mit Läden ein Fachwerkstock von 1709 mit kräftigen geschweiften Andreaskreuzen in den Brüstungen. Den breiten Bundständer schmückt zwischen senkrechten Leisten ein zehnzeiliges schwungvolles Schriftband: Anno 1709 Johan Friderich · Klein · Anna Maria Seine H:frau. Darunter als Bäckerzeichen Brezel, Brot, Doppelbrötchen und · H · M · K · Z · M ·.

Um den alten Ortskern führen im Winkel zueinander vom Brunnen der Brettener Straße die Obere Gasse und die Hintere Gasse. Beidseits dieser Gassen stehen zahlreiche Fachwerkhäuser, z. T. sehr gut instandgesetzt und gepflegt, z. T. aber noch verputzt oder dringend sanierungsbedürftig. Zwei sehenswerte Fachwerkgassen.

Oberderdingen – Hausgruppe Brettener Straße 27
Abb. 296

Vor der Kirche und dem Amtshof, dem heutigen Rathaus, ist die Brettener Straße platzartig erweitert. Gegenüber der mittelalterlichen Baugruppe stehen zwei gepflegte kleinere Fachwerkhäuser, rechts Brettener Straße 27. Beide haben gewisse Ähnlichkeiten. Massives Erdgeschoß, darüber ein Fachwerkstock mit später vergrößerten Fensteröffnungen. Daneben wandhohe Streben. Die beiden Dachstöcke stehen z. T. kräftig über. An den Bundständern der Fränkische Mann. Schön geformte Konsolen mit Wulst und Kehle weisen in die Renaissance, noch ins 16. Jahrhundert. Kurze Fußstreben und die sichtbaren Balkenköpfe beleben die ansprechenden Fachwerkgiebel. Das Wetterdach am linken Haus ist später hinzugefügt worden.

Abb. 295 Brettener Straße 36

Abb. 296 Brettener Straße 27

Abb. 297 Hintere Gasse 33

Abb. 298 Hintere Gasse 28

Oberderdingen — Hintere Gasse 33
Abb. 297

Das Nachbarhaus ist dicht an das vorher beschriebene angebaut und steht mit dem steilen Giebel zur Straße. Neben der Einfahrt ist der Keller hochgezogen. Darüber ein prächtiges Fachwerk, wirkungsvoll in den Formen vom Anfang des 18. Jahrhundert. Geringe Stockwerksüberstände, sichtbare Balkenköpfe und die K-Strebe.

Oberderdingen — Hintere Gasse 28
Abb. 298

An der gegenüberliegenden Ecke der beiden Gassen ist die Gebäudegruppe gut wiederhergestellt. Das Fachwerk über dem hohen Kellergeschoß wirkt durch den sparsamen Einsatz der Hölzer und läßt die Gefache zur Geltung kommen. An den Eck- und Bundständern kleine profilierte Konsolen. Die Formen weisen als Erbauungszeit wohl noch in das 16. Jahrhundert. Im Hintergrund ein wertvolles großes Fachwerkhaus, sanierungsbedürftig und erhaltenswert.

Abb. 299 Oberderdingen Obere Gasse 15

Abb. 300 Obere Gasse 15

Oberderdingen – Obere Gasse 15 Ecke Hintere Gasse
Abb. 299/300

Vom Brunnen her fällt der Blick auf ein Fachwerkgebäude mit verwaschen blau gestrichenen Gefachen. Es steht als Winkelbau mit seinen Traufseiten an beiden Gassen. An der Oberen Gasse die Haustür und anschließend, zurückgesetzt, die Scheune. An der Hinteren Gasse links die Durchfahrt zum kleinen Hof.

Das Fachwerkgefüge ist zweckmäßig und einfach gestaltet. Die kräftigen Eckständer stehen noch auf den Balken, die Bundständer stehen bereits auf den Schwellen. Der Fachwerkoberstock kragt vor. Trotz Vergrößerung der Fenster ist die ursprüngliche Gliederung erkennbar. In den beiden Fachwerkstöcken waren an die Eckständer beidseits Fenstererker angelehnt. Einzige Zierformen sind die kräftigen, aus dem vollen Holz herausgearbeiteten Konsolen. Wunderbar am unteren Eckständer die ausladende Konsole mit kräftigen Wulsten, Kehlen und Leisten als Stütze für die sich überblattenden Wandrähme und die darüber liegenden Stich- und Gratstichbalken. Im Oberstock noch ein Andreaskreuz über wandhoher Raute.

An der Hinteren Gasse ist die Dachfläche oberhalb von zwei niedrigen Schleppgauben in ganzer Länge zur Lüftung etwas angehoben. Ein wegen des Außenwandgefüges und der Gebäudeform erhaltenswertes bedeutsames Bauernhaus aus der Mitte des 16. Jahrhundert.

Abb. 301

Abb. 302

Oberderdingen – Amtshof 2 Gasthaus Sonne
Abb. 301/302

Das Gasthaus Sonne, Amtshof, Ecke Brettener Straße, ist in Oberderdingen ein schönes Beispiel der Renaissance. Über dem mit Platten verkleideten Erdgeschoß steht ein prächtiger Fachwerkbau. Der spätere rechte Anbau ist mit einem langen Schleppdach abgedeckt. Bei der Vergrößerung der Fenster ist auch das Gefüge verändert worden. Wünschenswert wäre eine Sprossenteilung statt der großen Scheiben. Wenig störend ist im unteren Dachstock die Erhöhung der kleinen Fenster bis zum Rähm.

Das Giebeldreieck ist eine Kostbarkeit der Renaissance. Im unteren Dachstock dreimal der Fränkische Mann, dazwischen kleine Fußbänder, alles fein geschnitzt und mit ausgeputzten Augen. Im oberen Dachstock geschweifte Andreaskreuze in Idealform mit Zacken und ausgeputzten Augen. Gebogene kleine Streben mit Nasen als Zwischenhölzer. Hoch oben, unter dem First, über den Taubenlöchern noch ein geschnitzter Kopf, keine „Fratze", eher orientalisch mit langem Bart. Die Rähme, Balkenköpfe und Schwellen sind mit schön profilierten Bohlen verkleidet. Das Ganze ist farblich gut behandelt. Rankenbemalung betont die Waagrechte. Alle Formen weisen in das letzte Viertel des 16. Jahrhundert als Erbauungszeit.

Abb. 303 Brunnenstraße 8 Abb. 304 Brunnenstraße 2

Obergrombach
südlicher Stadtteil von Bruchsal
Haus Brunnenstraße 8
Abb. 303

Über wahrscheinlich späterem massivem Erdgeschoß steht ein Fachwerkstock mit zweistöckigem Giebel. Die Stockwerke bleiben bündig, die Schwellen sind profiliert. Als wenige Zierformen an den Eck- und Bundständern der Fränkische Mann mit ausgeputzten Augen in den Eckhölzern, den Kopfknaggen. Geschwungene und gerade Andreaskreuze und an den Eckständern zierliche Dreiviertelstäbe mit Spiralen an beiden Enden. Dazu noch kleine ausgeputzte Herzformen, an den Eckständern vierblättrig. Über dem Eingang Schriftband mit Erbauungsdatum: · C · A ANNO · 1702.

Die Verbreiterung des Gebäudes mit langem Schleppdach von der Hauptdachfläche stammt aus späterer Zeit.

Obergrombach – Brunnenstraße 2
Abb. 304

Hinter dem Stadttor, an den inneren Torbogen angelehnt, steht ein interessantes Haus. Im massiven Erdgeschoß zwei Türen und ein Fenster. In ihren schönen profilierten Sandsteingewänden noch Fabelwesen und Symbole. Ein Wetterdach schützt die Öffnungen.

Darüber ein einfach konstruierter Fachwerkstock mit bündigem Giebel. Im Rähm geschnitzte Fabelwesen und eine Fülle von Rosetten. Gedrehte Dreiviertelsäule mit Kapitell und Sockel am Eckständer.

Das ganze Gebäude scheint mit viel Fantasie einem Vorgängerbau frei nachempfunden zu sein.

Abb. 305 Hauptstraße 4

Obergrombach – Hauptstraße 4, Gasthaus Zur Krone
Abb. 305

An einem geschwungenem Ausleger hängt im Schnabel des kleinen Adlerkopfes das runde Wirtshausschild mit Blumenranken zwischen zwei Kreisformen. Innen drei glänzende, vergoldete zierliche Kronen. Darunter ein kleiner Anhänger mit Schriftband. Der Ausleger zeigt sparsam verwendete nachbarocke Formen mit Andeutungen von Klassizismus. Am unteren Ende ist ein Blattzopf eingehängt, oben kleines Speyerer Wappen.

Als Datum der Fertigung bietet sich die Jahreszahl im Schlußstein der ehemaligen Toreinfahrt an: H D 1776.

Abb. 306 Abb. 307

Oberöwisheim
Stadtteil von Kraichtal
8 km nordöstlich Bruchsal

Haus Bachstraße 21
Abb. 306/307

An der Bachstraße, in deren Mitte der Bach fließt, steht ein sehr renovierungsbedürftiges, doch im Holzwerk gut erhaltenes Fachwerkhaus aus der ersten Hälfte des 18. Jahrhunderts.

Das massive Erdgeschoß ist nicht ursprünglich. Auch hier standen Fachwerkaußenwände. Die Giebelseite des Hauses mit Fachwerkoberstock und zwei Dachstöcken zeigt ungestörtes Fachwerk. Oberstock und unterer Dachstock stehen noch kräftig über. Die Stichbalkenköpfe sind abgefast, die Schwellen an der unteren Kante gekehlt, an der vorderen Seite profiliert. Der obere Dachstock bleibt bündig. Ausgewogen verteilt sind wandhohe Andreaskreuze, Fußstreben bis zum Sturzriegel, kurze gerade und geschweifte Streben mit Nasen. Die am Bundständer spiegelbildlich gebildete K-Strebe zeigt eine der Formen des „Mannes". Die innen gegen den Bundständer stoßende Längswand teilt die Hausfläche in zwei ungleich breite Räume. Der ein- und der zweifenstrige Erker unterstreichen die Raumgrößen. Diese vorstehenden Fenstererker haben an den Gewändehölzern unten und an den Stützkonsolen derbe Auskehlungen und Rundungen. Die Unterkanten der Brustriegel sind kräftig ausgekehlt.

Das eindrucksvolle Fachwerk unterstreicht den wieder gewonnenen Wohlstand nach den Notzeiten am Ende des 17. Jahrhunderts.

Abb. 308 Abb. 309

Odenheim
15 km nordöstlich Bruchsal
Amtshaus des Freiadligen Ritterstiftes Odenheim
Abb. 308/309

Unterhalb der großen Kirche St. Michael steht eine Fachwerkgebäudegruppe, das Amtshaus (Verwaltung) des Freiadligen Ritterstiftes Odenheim.

Nachdem der Hauptbau viele Jahre verputzt war, erfolgte 1985 die gut durchgeführte Wiederherstellung. Die Jahreszahl 1569 mit Brezel über dem Kellereingang darf als Erbauungsdatum gelten. Die frühen Renaissanceformen des Außenwandgefüges bestätigen das Datum.

Der Fachwerkoberstock und das kaum gestörte Giebeldreieck springen jeweils vor. Unter der Außenwandschwelle des Fachwerkoberstockes ist die Fußbodendielung noch sichtbar. Die Eckständer stehen darauf, die Schwellen sind in diese eingezapft. In den beiden Fachwerkstöcken in Zusammenhang mit der Vergrößerung der Fenster starke Veränderungen des Gefüges. Auch hier zieren die Hauptformen der Renaissance, geschwungene Andreaskreuze mit Nasen und der Fränkische Mann mit Kopfknaggen als Winkelhölzer und ausgeputzten Augen die Außenwände. Die ganze Gebäudegruppe um einen Innenhof ist sehenswert.

Abb. 310 Nibelungenstraße 65 Abb. 311 Kirchstraße 11

Odenheim – Nibelungenstraße 65
Abb. 310

An einer leichten Straßenkurve steht ein Fachwerkhaus, das durch die Klarheit des Gefüges beeindruckt. Als Zierformen sind der Fränkische Mann, gerade Andreaskreuze in Wandhöhe, über und unter den Brustriegeln und im unteren Dachstock kleine Rauten vor Andreaskreuzen zu sehen. Die Schwellen der einzelnen Stockwerke sind profiliert. Beide Eckständer stehen auf den Balken, die Schwellen sind eingezapft und mit doppelten Holznägeln gesichert. Als Erbauungszeit im Grundstein an der linken Ecke des Hochkellers die Jahreszahl 1607. Ein neuer Anstrich der Hölzer und Gefache wäre dringlich.

Odenheim – Kirchstraße 11
Abb. 311

Zurückgesetzt, etwa oberhalb der Kirchstraße und weithin sichtbar steht ein schönes, ansprechendes Fachwerkhaus. Seit Jahren gut erhalten und gepflegt, schmücken gebogene Andreaskreuze unter den Brustriegeln und der Fränkische Mann die Giebelseite. Reizvoll der Überstand des Oberstockes zur Straße hin. Das Giebeldreieck hat noch die ursprüngliche Gliederung. Die in den beiden Fachwerkstöcken vergrößerten Fenster stören das gute Gesamtbild nur wenig. Das Haus ist wahrscheinlich in der 2. Hälfte des 17. Jahrhunderts erbaut worden.

Abb. 312

Odenheim – Kirchstraße 6/8
Abb. 312–316

Das stattliche Gebäude, heute Doppelhaus, steht mit der Traufseite zur Straße. Am Torbogen der Einfahrt in der massiven Erdgeschoßwand: A · D · 1685 · IAR. Oberstock und sichtbarer Giebel, dort auch der Erdstock, im Fachwerk aus dieser Zeit. Im Fachwerkoberstock der Hofseite später geschlossener Laubengang mit profiliertem Brustriegel, geschnitzten Stielen mit Kopfknaggen und Andreaskreuzen in den Brüstungsfeldern.

Im Fachwerkoberstock und Ostgiebel eine Fülle von Verstrebungsformen. Hervorgehoben sind die Brüstungsfelder unter den Fenstern durch Andreaskreuze über Rauten, nach innen gebogene Rauten mit Nasen und geschwungene Andreaskreuze mit Nasen. Daneben Kreis über Andreaskreuz, gerade Andreaskreuze über dem Brustriegel, kleine gebogene Fußstreben und der Fränkische Mann an den Eck- und Bundständern. An den Eckständern und den Brustriegeln unter den Fenstern der Traufseite – also an der Schauseite – fantastisches Schnitzwerk mit barocken Ranken, Ornamenten und Fratzen. Diese Zierformen als Flachrelief am Fachwerk und die profilierten Schwellen sind behutsam farbig hervorgehoben. Das große Haus ist ein gut erhaltenes Beispiel für den Fachwerkbau nach dem Dreißigjährigen Kriege.

Abb. 313 Ostgiebel

Abb. 314 rechter Eckständer

Abb. 315
linker Eckständer

Abb. 316 Brüstung

Abb. 317

Ölbronn
Gemeinde Ölbronn-Dürrn
8 km südlich Bretten

Am breiten Dorfanger, der früheren Hauptstraße, stehen auf beiden Seiten der jetzigen Oberen Steinbeiss-Straße zahlreiche Fachwerkhäuser, die meisten aus dem 18. Jahrhundert. Sie haben als recht gepflegtes Ensemble uns das Dorfbild vom Anfang des 18. Jahrhundert weitgehend bewahrt.

Ölbronn – Häusergruppe Obere Steinbeiss-Straße 21 bis 31
Abb. 317

Die wirkungsvolle Reihung von ein- und zweigeschossigen Häusern umfaßt die Hausnummern (von links) Doppelhaus 19/21, Doppelhaus 23/25, Haus 27, 29 und 31. Trotz unterschiedlicher Formen der Fachwerkgiebel, der Stockwerksüberstände, der Veränderungen, insbesondere der üblich vergrößerten Fensteröffnungen, fügen sie sich zu einem geschlossenen Bild, dem Dorfanger des 18. Jahrhunderts.

Haus Obere Steinbeiss-Straße 32
Abb. 318 u. 320

Es ist wohl das älteste erhalten gebliebene Fachwerkhaus des Ortes. Im Grundstein mit Inschrift die Jahreszahl 1562. Im Straßengiebel ist im Erdstock das Fachwerk mit dem Einfügen der vergrößerten Fensteröffnungen verändert worden. Wunderbar das ungestört erhaltene Giebeldreieck mit den drei jeweils überstehenden Dachstöcken. Dort an den Bundständern der Fränkische Mann mit schön ausgeputzten Augen in den Kopfwinkelhölzern. An den Zwischenständern kurze Fußstreben unter den Brustriegeln.

Abb. 318

Abb. 319

Abb. 320 Grundstein

Ölbronn – Obere Steinbeiss-Straße 11 und 13
Abb. 319

Links, zurückgesetzt, das Haus Nr. 11, rechts Nr. 13. Beide aus gleicher Zeit, sie sind einander ähnlich. Die Fachwerkstöcke stehen über die unteren vor. Außer den profilierten Schwellen keine Zierformen. Beide Häuser überzeugen durch die Klarheit des Außenwandgefüges. An den Bundständern der Fränkische Mann. Dazu wandhohe gerade Streben. Unter den Öffnungen schräg gestellte kleine gerade Streben. Die vergrößerten Fenster beeinträchtigen das Bild weniger als die großen Scheiben. Die Dachstöcke im Giebeldreieck wurden bis zum Beginn des 20. Jahrhunderts als Speicher genutzt. Erst die spätere teilweise Verwendung zu Wohnzwecken erzwang größere Öffnungen.

Abb. 321

Östringen

Es sind im Ortskern nur wenige Fachwerkhäuser erhalten geblieben.

Haus Hauptstraße 104
Abb. 321

Das Fachwerk des Straßengiebels blieb gut erhalten. Über dem schmucklosen Erdstock steht der Oberstock vor. Seine Stichbalkenköpfe sind sichtbar, die darauf liegende Schwelle ist profiliert. Die beiden Dachstöcke des Giebeldreiecks stehen nochmals über. Mit dem Einbau der vergrößerten und in der Lage z. T. veränderten Fenster wurde das Fachwerkgefüge gestört. Doch ist der Eindruck eines heiteren Fachwerks im Oberstock und im wohl nicht veränderten Giebeldreieck geblieben. Die Gefache in beiden Dachstöcken sind ausgefüllt mit geschweiften und geraden Andreaskreuzen in Rauten und kurzen krummen Schräghölzern mit Nasen.

Eine besondere Zierform wurde über zwei Fensterbreiten in den Brüstungen des Oberstocks gebildet. In der Mitte gestalten breite Hölzer eine negative Raute, die beidseits zangenhaft umfaßt und durch Schräghölzer gestützt wird. Diese seltene Formgebung, die nur noch hier in Östringen und im benachbarten Malsch erhalten geblieben ist, gibt es ähnlich noch in Durlach, Pfinztalstraße, zu gleicher Zeit, wegen der schmalen einfenstrigen Brüstungen jeweils hälftig. Dieses große Fachwerkhaus in Östringen dürfte um 1700 erbaut worden sein.

Abb. 322

Abb. 323

Östringen – Hauptstraße 115
Abb. 322/323

Das massive Erdgeschoß enthält die Räume der Gaststätte Güldener Becher. Darüber, im Fachwerkoberstock, ist mit der Vergrößerung der Fenster die Fachwerkgliederung stark verändert worden. Gut erhalten blieb das Gefüge der beiden Dachstöcke, auf denen noch ein Krüppelwalm aufsitzt. Die Dachstöcke stehen wenig vor, die Balkenköpfe sind sichtbar. Die heiteren Zierformen bilden Hälften vom Fränkischen Mann, kurze Streben und unter den Fenstern in den Brüstungen Andreaskreuze unter Rauten. Am rechten Eckständer im Fachwerkoberstock eine zierlich seilförmig umwundene Dreiviertelsäule. Dort ist auch das Wirtshausschild angebracht. Am von vielen Spiralen gebildeten, dem Barock nachempfundenen Ausleger hängt das Schild. In seiner Mitte, oben und unten von Schriftbändern kreisartig umfaßt, steht der goldene Becher.

Durch geschickte und zurückhaltende Farbgebung wirkt dieses Haus aus dem Anfang des 18. Jahrhunderts ansprechend und heiter.

Abb. 324

Abb. 325

Ötisheim
nordwestlicher Stadtteil von Mühlacker
12 km südöstlich Bretten

Haus Schönenberger Straße 5
Abb. 324/325

 Das Gebäude ist vor einigen Jahren vorbildlich instandgesetzt worden. Über dem z. T. noch erhaltenen Fachwerkerdstock ein Fachwerkoberstock, in dem die Fenster unseren Anforderungen entsprechend einfühlsam vergrößert wurden. Ein Fränkischer Fenstererker mit überstehender Verdachung geht über die ganze Breite des Giebels durch. Die Brüstungshölzer werden von profilierten Konsolen gestützt. An den Zwischenständern kurze gerade Fußstreben. Die Wandrähme des Erdstocks, die Balkenköpfe und die Außenwandschwellen des Oberstocks sind sehr breit und wirkungsvoll mit profilierten Bohlen abgedeckt.

 Das Giebeldreieck mit nur im unteren Dachstock behutsam vergrößerten Fenstern ist beeindruckende Hochrenaissance aus der Zeit um 1600. Die spiegelbildlich angeordneten Zierformen begeistern: Fränkische Männer, Kopfknaggen, kurze Fußstreben, schräge geschweifte kurze Hölzer, Andreaskreuze und Andreaskreuze über Rauten, alles mit gekurvten Ausputzungen und Augen. Hier zeigt sich die Freude am Gestalten als Ausdruck der wohlhabenden Zeit in den Jahrzehnten vor dem Dreißigjährigen Kriege.

Abb. 326　　　　　　　　　　　　　Abb. 327

Ötisheim – Schönenberger Straße 1
Abb. 326/327

Am Beginn der Schönenberger Straße wurde ein stattliches, inzwischen gut saniertes Fachwerkhaus in der Barockzeit erbaut.

Über dem massiven Untergeschoß stehen, jeweils gering vorspringend, zwei Fachwerkstöcke und darüber zwei Dachstöcke mit Krüppelwalm. Die Balkenköpfe bleiben sichtbar. Die Fenster sind einfühlsam vergrößert und stören den Gesamteindruck nicht. Die Zierformen, die K-Streben und die negativen Rauten in den Fensterbrüstungen, weisen in den Anfang des 18. Jahrhunderts als Zeit der Erbauung.

Abb. 328 Abb. 329

Rettigheim
Ortsteil von Mühlhausen
3 km nördlich Östringen

Haus Rotenberger Straße 22
Abb. 328

Beim gut instandgesetzten Fachwerkhaus, heute Gasthaus Keller-Assel, sind auch der Erdstock und die rechte Traufseite als Fachwerk erhalten. Der Oberstock steht an dieser Traufseite weit über den Erdstock hinaus. Die kräftigen Profilierungen der Fenstererker rechts in beiden Stockwerken sind z. T. abgebeilt. Einige Fenster wurden in vertretbarer Form vergrößert. Außer dem Fränkischen Mann keine Zierformen. Die Eck- und Bundständer stehen noch auf den Balkenköpfen. Über dem kaum veränderten Dachstock mit guter Wirkung noch ein Krüppelwalm. Die Brust- und Sturzriegel betonen die Waagerechte. Auch im Giebel stehen beide Stockwerke über. Dieses einfache Fachwerk beeindruckt durch den sparsamen und ausgewogenen Einsatz aller Hölzer und durch die von ihnen gerahmten großen weißen Gefache. Das Fachwerk zeigt Formen des 16. Jahrhunderts.

Rettigheim – Malscher Straße 2, Ecke Rotenberger Straße
Abb. 329

Bei diesem wieder gut instandgesetzten Fachwerkhaus steht auf dem Erdgeschoß ein Fachwerkstock, darüber zwei kaum vorkragende Dachstöcke. Die Schwellen sind profiliert, die Balkenköpfe sichtbar.

Die Zierformen des prachtvollen Giebels und der Traufseite sind denen aus gleicher Zeit im benachbarten Malsch sehr ähnlich. Im Giebeldreieck der Fränkische Mann, kurze gerade und geschweifte Fußstreben und oben ein Andreaskreuz über einer Raute. Im Fachwerkoberstock gut gestaltete Fränkische Fenstererker mit profilierter überstehender Verdachung und ebensolchem Brustriegel. Die seitlichen Gewändehölzer mit Dreiviertelstäben an den Außenkanten sind am unteren Ende kräftig eingeschnitten. Die Brüstungen der Erker wurden kunstvoll ausgefüllt. Breite Hölzer gestalten eine negative Raute, die beidseits zangenhaft gefaßt und durch kurze Schräghölzer ausgesteift wird.

Am linken Eckständer schildförmig von Linien eingefaßt in sechs Zeilen: HANNENS · MELCHERS · EIN HAUS · FRAUWM · ARIA · 1689.

Abb. 330 Ittlinger Straße 39

Abb. 331 Richen Hintere Gasse 41

Richen
nordöstlicher Stadtteil von Eppingen

Ittlinger Straße 39 — Gasthaus Löwen
Abb. 330

Das Gasthaus an der Ecke Hintere Gasse ist ein vor vielen Jahren gut instandgesetztes Fachwerkhaus mit Erdstock, Oberstock und zweistöckigem Giebel. Mit der Vergrößerung der Fenster wurden große Teile des Gefüges verändert. In dem bündig stehenden Oberstock der Fränkische Mann, kurze Streben und als Rest eines Fenstererkers zwei geschweifte Andreaskreuze. Am rechten Eckständer des Oberstocks eine schön gedrehte Dreiviertelsäule, am oberen Ende ein Neidkopf, unten Spiralen. Dieses Haus kann der zweiten Hälfte des 16. Jahrhunderts zugeordnet werden.

Richen — Hintere Gasse 41
Abb. 331

Von der Hauptstraße des Ortes, der Ittlinger Straße, ist das Haus bereits zu sehen und lockt zu eingehender Betrachtung.

Nach Auskunft des derzeitigen Eigentümers wurde es im Dreißigjährigen Kriege erbaut. Bei der gründlichen und mit hohen Kosten verbundenen Sanierung um 1960 fanden sich unter den alten Dachziegeln einige mit der Jahreszahl 1636.

Der Fachwerkerdstock über dem hohen Kellergeschoß wurde beim Einbau der vergrößerten Fenster verändert, dabei der Fenstererker rechts im Giebel beseitigt. Fachwerkoberstock und beide Dachstöcke stehen mit sichtbaren Balkenköpfen und profilierten Schwellen über. Im Oberstock ist am Giebel rechts der Fenstererker gut erhalten. Der Erker in der rechten Traufseite wurde wie auch der darunter liegende zugemauert und verputzt. Also in den beiden Stockwerken am rechten Eckständer ursprünglich je zwei Fränkische Fenstererker mit schön geschnitzten unteren Enden. Die Erker betonen die größeren Räume und sorgten für ausreichendes Licht. Die außermittige Längsteilung ist an den Bundständern erkennbar. Die ursprünglichen Größen der beiden Kammerfenster im linken schmaleren Teil beidseits des ersten Zwischenständers sind halb verdeckt vom linken Klappladen noch zu sehen. Wandhohe und kleine Andreaskreuze und Streben bis zum Sturzriegel sind die Verstrebungsformen dieses ausgewogenen Giebels von 1636.

Rinklingen
westlicher Stadtteil von Bretten

Breitenweg 14
Abb. 332

Etwas abseits von der Hauptstraße steht am Breitenweg 14 ein zierliches Fachwerkhaus. Als Erbauungsdatum am linken Eckständer unter einer nicht mehr lesbaren Inschrift die Jahreszahl 16 · 08. Am rechten Eckständer eingeschnitzt HANS JACOB WANER ZIMERMAN.

Die Balkenköpfe des Fachwerkstocks und beider Giebelstöcke sind sichtbar. Lange Streben, ein wandhohes Andreaskreuz und Andreaskreuze unter den Brüstungen geben dem Fachwerk ein malerisches Bild. An der rechten Traufseite ein z. T. vermauerter Fenstererker. Das linke Speicherfenster im unteren Dachstock, ursprünglich so klein wie das rechts daneben zugemauerte, wurde vergrößert, das Gesamtbild dadurch gestört. Eine Besonderheit ist der „Zahnschnitt", eine dem Werksteinbau entlehnte Zierform an beiden Dachstockschwellen und an den Giebelsparren. Hier sind durch Herausstemmen kurzer Schwellenstücke kräftige Holzzähne entstanden, Zahnschnitt genannt.

Ein kleines, malerisches und erhaltenswertes Fachwerkhaus.

Abb. 332 Rinklingen Breitenweg 14

217

Abb. 333 Straßengiebel

Abb. 334 Mittelständer

Rotenberg
südlicher Stadtteil von Rauenberg
Haus Schloßstraße 16
Abb. 333 – 337

Schräg gegenüber der Kirche steht in einer Biegung der Hauptstraße ein Fachwerkhaus von 1713. Über hohem Keller ein Fachwerkstock, darüber bündig zweistöckiger Giebel. An den Eck- und Bundständern der Fränkische Mann. In den Brüstungen gerade Andreaskreuze und negative Rauten. Am Brustriegel des ersten Dachstocks durchgehendes Wetterdach. Am westlichen rechten Eckpfosten unter ausgehöhlter Nische mit Madonna vierzeiliges Schriftband: JOCOB · MENGES · ANNO · 17013. Am Giebel des Fachwerkstockes ein sehr breiter, wenig vorstehender Fenstererker mit profiliertem Sturzholz. Äußeres und mittleres Gewändeholz, das Brustholz und die breiten Konsolen mit kräftigem barockem Schnitzwerk. An den äußeren Gewänden Weinranke mit Trauben und geschraubter Viertelstab, am mittleren Akanthus-Blattwerk. Am Brustholz verknoteter Strick mit Blumenranke. An den Konsolen drei bäuerlich derbe Fratzen.

Abb. 335 Mittelständer

Abb. 336 rechter Eckständer

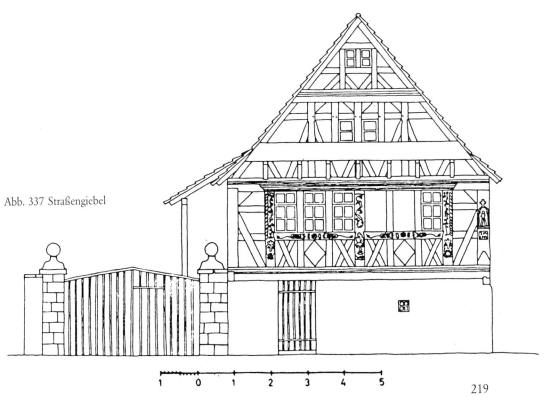

Abb. 337 Straßengiebel

Ruit
südlicher Stadtteil von Bretten
Rathaus
An der Salzach 3
Abb. 338/339

Das alte, gut instandgesetzte Rathaus enthält im massiven Erdgeschoß die Nebenräume. Eine schmale Treppe führt zu den Verwaltungsräumen im Fachwerkoberstock. Darüber noch zwei Dachstöcke im Giebel mit kleinem Krüppelwalm. Die nachträglich eingefügte Fensterreihe im unteren Dachstock stört wenig und fügt sich in das solide Fachwerk. Die wenigen Zierformen der Zeit des Wiederaufbaues sind auch hier sparsam eingesetzt: Negative Rauten, die K-Strebe und kurze gebogene Streben mit Nasen in den Brüstungsebenen. Im Grundstein an der linken Giebelecke mit dem Datum der Erbauung: H · IE · 1726.

Ruit — Alte Ölmühle
Ölbronner Straße 2
Abb. 340/341

Ein imposantes Fachwerkhaus aus der Mitte des 18. Jahrhunderts. Das massive Untergeschoß, ein langes Rechteck, ist rückwärts in den Hang hineingebaut. Der prächtige Fachwerkgiebel ist in seiner ganzen Schönheit zur Hauptstraße hin sichtbar. Auch die Traufseite zeigt gut erhaltenes Fachwerk. Im Schlußstein des halbkreisförmigen zweiflügeligen Tores über einem Rad, von Fabeltieren gehalten, zu lesen: ANNO 17 · 47, seitlich darunter links JOHAN GEORG BAUER und rechts MARIA ELISABETHA BAEURIN. Am linken Eckständer nochmals das Erbauungsdatum unter großem Rad im achtzeiligen Schriftband: Anno · 1747 · Johann · Georg · Bauer · Maria · Elisabetha · Bäurin. An der Außenkante des Eckständers gedrehter Zopf.

Der Fachwerkstock mit sichtbaren Stichbalken und profilierter Schwelle steht über das Untergeschoß vor, auch die beiden Giebelstöcke kragen jeweils über. Unten die K-Strebe, in beiden Dachstöcken der Mann, in den Brüstungen negative Rauten und gebogene Andreaskreuze. Die neuen Fenster leider ohne Sprossengliederung.

Ein prächtiges Fachwerk des 18. Jahrhunderts.

Abb. 338
Grundstein Rathaus

Abb. 340 Alte Ölmühle

Abb. 341 Schlußstein

Abb. 342   Abb. 343

Schwaigern
11 km westlich Heilbronn
Haus Storchennest – Theodor-Heuss-Straße
Abb. 342/343

Am Beginn der Fußgängerzone in der Theodor-Heuss-Straße steht eines der wenigen Fachwerkhäuser der Stadt, das „Storchennest". So genannt, weil über Jahrhunderte Störche auf seinem First nisteten. Nach einer Tafel am Erdgeschoß um 1500 erbaut. Es war das Wohnhaus eines mittelalterlichen Gehöftes.

Über dem Erdgeschoß aus Werkstein stehen zwei Fachwerkstöcke und zwei Dachstöcke mit Krüppelwalm. Die Hölzer sind auffallend schlank. Nur wenige von ihnen, und zwar in den Dachstöcken als Streben, sind noch ursprünglich. Sie sind nicht eingezapft sondern eingeblattet. Der mittelalterliche Fußboden fehlt. Das Gefüge ist mehrfach verändert worden und durch den Einbau der großen Fenster erheblich gestört. Die ursprüngliche Gliederung ist nicht mehr feststellbar. Bei der 1982 – 1984 gut durchgeführten Erneuerung war nicht mehr zu retten.

Und doch wirkt durch die Vielfalt des Strebenwerks, die unterschiedlichen Fenster mit Sprossenteilung und die hellen Putzflächen der hohe Giebel heiter als Besonderheit und Mittelpunkt in der Fußgängerzone.

Sinsheim

Von den Fachwerkbauten, die nach der Zerstörung der Stadt 1689 durch die Franzosen beim Wiederaufbau im 18. Jahrhundert errichtet wurden, blieben nur wenige bis auf unsere Tage erhalten.

Abb. 344 Hauptstraße 127

Abb. 345 Hauptstraße 63

Sinsheim — Hauptstraße 127
Abb. 344

Das ehemalige Gasthaus Zum schwarzen Bären liegt an einer platzartigen Erweiterung der Hauptstraße. Das ehemals bekannte und geschätzte Gasthaus ist ein solider zweistöckiger Fachwerkbau mit der langen Traufseite an der Straße. Der überstehende obere Stock und der Dachstock mit einem Krüppelwalm darüber zeigen die Zierformen der ersten Hälfte des 18. Jahrhunderts, die K-Streben und schöne geschweifte Andreaskreuze mit Nasen. Der Eingang an der Traufseite mit Werksteingewände ist später geschaffen worden.

Sinsheim — Hauptstraße 63
Abb. 345

Das erhaltenswerte Haus ist dringend sanierungsbedürftig. Die ungepflegte Glasfront der Schaufenster entstellt das massiv erneuerte Erdgeschoß.

Im Fachwerkoberstock wurde beim Einbau der vergrößerten Fensteröffnungen das Gefüge erheblich verändert. Reste vom Fränkischen Mann und Andreaskreuzen sind noch erkennbar. Die beiden jeweils überstehenden Dachstöcke im Giebeldreieck zeigen ausgewogen den Fränkischen Mann, kurze Streben und oben ein Andreaskreuz. Die Balkenköpfe des unteren Dachstocks sind sichtbar. Das Haus ist demnach am Anfang des 18. Jahrhunderts erbaut worden.

Sinsheim
Altes Rathaus
Abb. 346/347

An der Ecke der Hauptstraße und Bahnhofstraße steht das nach der Zerstörung der Stadt 1712 erbaute Rathaus. Da in den beiden Straßen Bürgerhäuser angebaut sind, bleiben nur der Nordgiebel und die Osttraufseite sichtbar. Es ist innen mehrfach umgestaltet worden. Im massiven Erdgeschoß mit dem Eingang von der Giebelseite, Vorplatz mit Treppe zum Oberstock, daneben Ratsstube, jetzt Büro, dahinter über die ganze Breite der Bürgersaal mit Stütze für die Unterzüge der Holzbalkendecke. Im Oberstock ist die ursprüngliche Quer- und Längsteilung in je drei Streifen noch erkennbar.

Sehr eindrucksvoll sind der Giebel und die Traufseite. Der Fachwerkoberstock und der Giebel kragen jeweils über. An der Traufseite vor den Dachbalkenköpfen profiliertes Bohlengesims. Das zweite Kehlgebälk steht allseits über und endet in einem umlaufenden profilierten Gesims. Darüber Walmdach in der Hauptdachneigung, das an der Giebelseite wie ein Krüppelwalm wirkt. Auf dem First, zur Straße hin, ein offener Dachreiter mit achteckiger Haube.

Das Fachwerk scheint unverändert. Im Oberstock kräftige Eck- und Bund- sogar doppelter Bundständer. Am Straßeneckständer die Jahreszahl 1712. Die Gewändestiele der Fenster stehen ohne Bezug zu den Balken auf der Schwelle eng beieinander und lassen für Verstrebungsfiguren keinen Raum. Nur an den Eckständern der Fränkische Mann. In den Brüstungen kleine freilaufende Streben. Die Längsteilung ist im Giebel an den vorstehenden Unterzügen über den Bundständern erkennbar. Unter den Giebeldachstichbalken doppelte

Abb. 346 Sinsheim Rathaus

Rähme. Den Zierformen bleiben die beiden Dachstöcke vorbehalten. Unter den Sparren, bündig anliegend nochmals sparrenartige Hölzer zwischen Schwellen und Rähme. Vorherrschend ist der Fränkische Mann. In den Brüstungen wieder negative Rauten, geschweifte kurze Bänder und Andreaskreuze zwischen kleinen Stielen mit Nasen. So ist der Giebel des Rathauses ein typisches Beispiel vom Beginn des 18. Jahrhunderts.

Abb. 347 Sinsheim Rathaus

Stebbach
Ortsteil von Gemmingen
5 km östlich Eppingen

Altes Rathaus
Abb. 348/349

Inmitten des Ortes steht das ehemalige Rathaus von 1755 mit gut erhaltenem Giebel. Im hohen massiven Untergeschoß der Eingang mit kräftigem Barockportal aus Sandstein. Über

Abb. 348 Stebbach Altes Rathaus

der Tür, von Girlanden gerahmt die Bauinschrift: Anno 1755 ist dieß Rathaus erbaut. zu der Zeit ist Schultheiß gewesen Johann Jacob Lörtz. die gemeinde ist zu 60 Burger gestanden.

Im Fachwerkoberstock und den Dachstöcken die Verstrebungsformen der ersten Hälfte des 18. Jahrhunderts. Vorherrschend sind die kräftigen negativen Rauten in den Brüstungen des Oberstocks. An den Bund- und Eckständern ist der Fränkische Mann durch die K-Strebe verdrängt. Gebogene Andreaskreuze in den Brüstungen der Speicheröffnungen. Profilierte Schwellen. Die Dachstöcke stehen fast bündig übereinander, die kräftigen Vorkragungen, die für den Stockwerkbau charakteristisch waren, wurden aufgegeben.

Abb. 349 Stebbach Altes Rathaus

Stein
Gemeinde Königsbach-Stein
10 km südwestlich Bretten

Im Ortskern blieben zahlreiche bedeutende Fachwerkhäuser seit dem späten Mittelalter erhalten. Der lohnenswerte Gang durch diese Straßen zeigt ein Stück Fachwerkgeschichte.

Stein – Neue Brettener Straße 3
Abb. 350 – 352

Dieser eindrucksvolle Herrensitz an der Staffel zur höher gelegenen Kirche wurde 1524 für die Herren von Siglingen erbaut. Auf weit herausgezogenem Kellergeschoß ein Fachwerkbau mit zwei Stockwerken, das obere nach allen vier Seiten vorgekragt. Darüber vorspringend drei Dachstöcke, der oberste abgewalmt. Der Grundriß ist in drei Streifen quergeteilt. In der Mitte durchgehender großer Flur mit der Treppe. Im oberen Stockwerk ist dort noch eine Kammer abgetrennt. Im vorderen Streifen des unteren Stocks drei ungleich breite Räume. Darüber zwei große Räume. Im Dachraum Speicher. Der Gesamteindruck ist alemannisch-oberdeutsch: Starke Eck- und Bundständer, die auf dem sichtbaren Fußboden stehen. Unter dem kräftig vorspringenden Oberstock lange Knaggen. Die vorstehenden Brust- und Sturzriegel der Wohnräume an der Südostecke zur Aufnahme der Schiebeläden sind Vorläufer des Fenstererkers. Die Balkenköpfe sind sichtbar. Die bündig endenden Balkenköpfe des zweiten und dritten Dachstocks und die Giebelsparren sind hier erstmals mit kräftig profilierten dreiecksförmigen Hölzern verkleidet. Keine Verblattung im Außenwandgefüge mehr. Der zweifach liegende Kehlbalkendachstuhl, der die Dachlast auf die Außenwände ableitet, ermöglicht eine freiere Grundrißaufteilung. Der Krüppelwalm kennt noch keine Gratsparren. An deren Stelle sind Schiftsparren unten seitlich herausgezogen.

Abb. 350 Stein Neue Brettener Straße 3

Wandhohe Andreaskreuze und lange gerade Streben sichern das Außenwandgefüge. Die Zwischenständer werden von kurzen gebogenen Fußstreben beidseits gehalten. Neben der Eingangstreppe über dem Kellerfenster mit Sandsteinschieber zwischen zwei Wappen die Jahreszahl 1524.

Das Gebäude wurde 1982 gründlich saniert. Die neuen Fenster mit Sprossenteilung fügen sich gut in das Gesamtbild. Die großen, weißen Gefache heben das dunkle Holzwerk noch hervor.

Abb. 351 Stein Neue Brettener Straße 3

Abb. 352 Neue Brettener Straße 1 und 3

Abb. 353 Neue Brettener Straße 1

Stein – Neue Brettener Straße 1
Abb. 352/353 u. 360

Mit der Osttraufseite unmittelbar an der Brettener Straße, dem Siglingenschen Hause gegenüber, steht die Schmiede, ehemals Haus eines Küfers.

Im herausragenden massiven Untergeschoß die Schmiede, jetzt Werkstätte mit längslaufendem Unterzug und hölzernen Säulen. Die Zugangs- und Fensteröffnungen sind meist verändert. Neben der ehemaligen Eingangstür mit Rundbogen ein zweiflügliges Tor mit Segmentbogen und Inschrift I · F · 15 + 87 · V · K. Auf dem Untergeschoß ein außen bündiger Schwellenkranz, darauf die Balkenlage mit Stich- und Gratstichbalken, am Giebel und der Hoflängsseite überkragend. Auf den Balken, ringsum sichtbar, die Fußbodenbretter. Sämtliche Bund- und Eckständer stehen unmittelbar darauf, von den eingezapften Schwellen gehalten. An den Ständern des dreifach vorkragenden Giebels der Fränkische Mann, die Andreaskreuze über den Brustriegeln und die kurzen Fußbänder mit ausgeputzten Augen. Kräftige profilierte Hölzer vor den Stichbalken, Kehlbalken und Giebelsparren und an der Giebelspitze, mit schlanker Konsole darunter. Am mittleren unteren Bundständer wieder die Jahreszahl 1587. Die Fenster im unteren Stock des Giebeldreiecks reichten ursprünglich nur bis zum Sturzriegel. Mit dem Ausbau des Speichers zu Stuben wurden sie bis zum Rähm vergrößert. Auch die Öffnungen links vom unteren Bundständer sind verändert. An der Straßentraufseite sind ursprünglich wohl nur noch die Bundständer, das hohe Andreaskreuz und die lange Strebe. Nach Lage der Bundständer war die Hausfläche einmal mittig längs und in vier Querstreifen unterteilt.

Auch am Südrand des Kraichgaus bleibt der oberdeutsche Einfluß im sichtbaren Fußboden und den darauf stehenden Bundständern bis zum Ende des 16. Jahrhunderts erkennbar.

Abb. 354 Neue Brettener Straße 13

Abb. 355 Bachgasse 4

Stein — Neue Brettener Straße 13
Abb. 354 u. 360

Bei dem stattlichen, gut renovierten Gasthaus Sternen sind die Fenster in beiden Fachwerkstöcken und im unteren Dachstock verändert und vergrößert worden. Alte Fenstergrößen sind am Gefüge noch erkennbar. Ein harmonischer Gesamteindruck blieb erhalten. Alle Stockwerke stehen wenig vor, die Balkenköpfe bleiben sichtbar. Die Schwellen des Oberstocks, Schwellen und Rähme der Dachstöcke und die Giebelsparren sind mit einem dem Steinbau entlehnten kräftigen Zahnschnittfries versehen, der durch Licht- und Schattenwirkung die Stockwerke waagerecht betont und die Dachlinie hervorhebt. Die Verstrebungsformen als Fränkischer Mann, der Zahnschnitt und die K-Strebe reihen das Haus in das letzte Drittel des 17. Jahrhunderts ein.

Im Oberstock, an der Traufseite des linken Eckständers in Brüstungshöhe, wappenförmig umrahmt zwei gekreuzte Äxte, darüber · 1 · 6 · 7 · 1 ·, darunter F · B ·.

Vom Mittelständer des Oberstocks ragt das große Wirtshausschild weit in die Straße. Im nach oben geschwungenen Ausleger barocke Blüten, Blätter und Ornamente. Oben aufgesetzt das badische Wappen. Als Zeichen der Braugerechtigkeit in sechseckigem Stern ein Becher. Am Ende des Auslegers hängt im Schnabel des Adlerkopfs das Wirtshausschild, der goldene Stern mit breiten Strahlen, von Blumenranken umrahmt und gehalten. In kleinem Schriftband unten: Hilda Redinger.

Stein — Bachgasse 4
Abb. 355

Das Haus ist eines der wenigen einstöckigen Beispiele in Stein. Auf herausgezogenem Kellergeschoß mit Holzbalkendecke ein Fachwerkstock, darauf vorgekragt zweistöckiger Giebel, über dem Hahnenbalken abgewalmt. Die Grundfläche ist in drei Querstreifen geteilt. Im Kellergeschoß drei nur von außen zugängliche Räume. Im Fachwerkstock im mittleren Streifen Flur mit Treppe und die Küche. In den äußeren Stuben und Kammern, in beiden Dachstöcken Speicherräume. Die Querwände stehen in allen Stöcken übereinander und tragen den stehenden Kehlbalkendachstuhl. Unter dem Hahnenbalken mittig das Rähm auf senkrechter Stuhlsäule. Lange, mittelalterlich steile Kopfstreben übernehmen die Längsaussteifung. Die Fenster im Erdstock und das rechte im unteren Dachstock wurden vergrößert.

Entsprechend dem Bundständer im Giebel außermittige Längsteilung in zwei Streifen. Die Eck- und Bundständer sind dicker als die Zwischenständer. Der Bundständer des vorkragenden unteren Dachstocks steht über keinem Balken, er wird von der hinterblatteten Schwelle gestützt. Der Dielenboden im Erdstock und unteren Dachstock ist unter der Schwelle sichtbar. Der obere Dachstock bleibt bündig mit dem unteren. Die langen Fußstreben sind in die Ständer der Dachstöcke eingeblattet. An den Knaggen unter den vorstehenden Rähmen lange flache Kehlungen. Die Verblattungen und die langen steilen Kopfstreben im stehenden Kehlbalkendachstuhl, die Fußstreben der Dachstöcke, der bündige obere Dachstock und der sichtbare Fußboden lassen erkennen, daß dieses Haus etwa um 1500 erbaut worden ist. Damit ist es das älteste erhalten gebliebene unverputzte Fachwerkhaus in Stein.

Abb. 356

Abb. 357

Stein – Altes Rathaus
Abb. 356–359

Am Nordende des Marktplatzes steht das alte Fachwerk-Rathaus mit rückwärts anstoßendem größerem Erweiterungsbau aus späterer Zeit. Es springt mit Vorhalle und Oberstock etwa 3,50 m in den Platz vor. Fünf bauchige Holzsäulen mit Schaftring und kräftigen Knaggen tragen die Unterzüge, auf denen die an der Unterseite sichtbare Balken- und Stichbalkenlage aufliegt. Hinter der Vorhalle der mehrfach umgebaute teils massive Unterstock, ehemals mit Wachraum, Arrestzelle und Löschgeräteraum. Im Oberstock zum Marktplatz hin der ursprünglich die ganze Breite einnehmende Ratssaal mit profilierter Mittelsäule unter den Unterzügen. Rückwärts Amtsstuben und später massiv eingebauter Archivraum. Im unteren und oberen Dachstock Abstellraum und Speicher. Die mittig längslaufende Riegelwand stützt die untere der beiden Kehlbalkenlagen des kräftigen liegenden Stuhls. Lange Kopfstreben, die sich im oberen Viertel überblatten, übernehmen die Längsaussteifung. Dicht hinter dem Platzgiebel auf den oberen Kehlbalken kleiner Dachreiter mit Uhr und Glocke.

Am südlichen Eckständer der Marktplatzseite eine Reihe von Inschriften: RENOVERT 1750 WAR SHULTHEIS WOLF · ADAM WAAG LORENZ SCHW · ZER BURGERMEISTER JOH. LEONHARD ZITTEL UND JOHAN GEORG LINDE – RENOVIERT 1921 · 1937 · 1950 · 1961 · 1982.

Auffallend im Außenwandgefüge ist der Gegensatz zwischen dem Fachwerkunter- und -oberstock und dem schmucklosen Giebeldreieck: Im Unterstock bauchige Säulen, gekehlte Knaggen, geschnitzte Balkenköpfe, im Oberstock profilierte Schwellen und Rähme und im Brüstungsband geschweifte Rauten mit Nasen. Darüber der Giebel ohne Vorsprünge, bis zum First durchgehend mit langen schmucklosen steilen Streben. Nach den Rauten unter den Fenstern, der K-Strebe und den Profilierungen zu schließen, wurde das Rathaus noch vor oder um 1700 erbaut. Ähnlich wie beim kleineren Rathaus in Königsbach aus gleicher Zeit dürften über dem Oberstock die drei Dachstöcke im Giebel vorgekragt haben. Das ursprüngliche Giebeldreieck muß später abgerissen und durch den heutigen mit dem Oberstock bündigen schmucklosen Fachwerkgiebel ersetzt worden sein. Wahrscheinlich nimmt auf diese Baumaßnahme die Inschrift am Eckständer mit der Jahreszahl 1750 Bezug, denn Unter- und Oberstock sind älter.

Abb. 358 Stein Altes Rathaus   Abb. 359 Altes Rathaus

Abb. 360 Stein Neue Brettener Straße, Mitte Nr. 1, rechts Nr. 13

Abb. 361
Abb. 362

Steinsfurt
südöstlicher Stadtteil von Sinsheim

Steinsfurt – Lerchennest-Straße 8
Abb. 361/362

Vor einigen Jahren wurde das verwahrloste und in der Bausubstanz stark geschädigte Fachwerkhaus vom jetzigen Eigentümer vorbildlich wiederhergestellt. Die Holzoberflächen wurden behutsam behandelt, wenige alte Teile ergänzt.

Mit dem Giebel zur Straße steht jetzt ein eindrucksvolles zweistöckiges Fachwerkhaus von 1626 mit drei Dachstöcken darüber. Alle Stockwerke stehen jeweils etwas vor. Die Balkenköpfe und Schwellen sind von profilierten Bohlen verkleidet. Im Fachwerkoberstock rechts ein Fränkischer Fenstererker, darüber, auch an der Traufseite, schöner Doppelerker, alle mit überstehenden profilierten Verdachungen und kräftigen Wulsten und Kehlen an den unteren Enden der seitlichen Fensterhölzer. In den Brüstungen geschweifte Andreaskreuze und Rauten. Mehrfach wandhohe Andreaskreuze über gleichhohen Rauten und der Fränkische Mann.

In dem Gewände des Kellerabgangs: · 16 · ML · 26 ·, darunter in Wappenform Handwerkszeichen. Das Außenwandgefüge stammt aus gleicher Zeit.

Wenig überzeugt der vorgeschriebene gelbe Holzanstrich, auch wenn der erste Anstrich diese Farbe gehabt haben sollte. Sie fügt sich wenig in die Umgebung. Auch die Dachgauben sind etwas groß geraten.

Ein sehenswertes Beispiel der Renaissance blieb der Nachwelt erhalten.

Abb. 363　　　　　　　　　　　　　　Abb. 364

Steinsfurt – Lerchennest-Straße 18
Abb. 363/364

Aus der Barockzeit stammt diese Lerchennest genannte fränkische Gehöftanlage, deren Gebäude geschichtliche Bedeutung haben. Im Erdstock des Wohnhauses, im Fachwerk des Straßengiebels, ist eine Gedenktafel eingelassen mit der vierzeiligen Inschrift: Hier blieb auf seiner Flucht am 4./5. August 1730 Friedrich der Große dem Vaterland erhalten. Sein Fluchtversuch nach England wurde hier entdeckt und vereitelt. Sonst wäre die Geschichte Europas in den nachfolgenden Jahrhunderten sicher anders verlaufen.

Das lange Wohnhaus ist von geringer Tiefe. Der Fachwerkoberstock steht weit über den Erdstock zur Hofseite über und wird von geraden Kopfstreben gestützt. Die profilierten Schwellen sind im Giebel zugleich Giebelwandbalken. Die Wohnräume im Oberstock erhalten durch Fränkische Fenstererker ausreichend Licht. Bäuerlich derb sind dort die Zierformen an den Verdachungen, die Abgratungen an den seitlichen Erkerhölzern und die Wulste und Kehlen an deren unteren Enden. Die gesamte Anlage vom Ende des 17. Jahrhunderts ist mustergültig instandgesetzt und erhalten. Im Wohnhaus ein Museum mit Erinnerungen an das denkwürdige Ereignis.

Abb. 365　　　　　　　　　　　　　Abb. 366

Stetten
südwestlicher Stadtteil von Schwaigern
Altes Rathaus
Abb. 365 – 368

Drei Straßen bilden an ihrem Anfang einen dreiecksförmigen Platz, auf dem mit dem Nordgiebel und beiden Traufseiten sichtbar das alte Rathaus steht.

Es ist ungewiß, ob das nicht unterkellerte Gebäude als Rathaus erbaut wurde. Vor allem ist die offene Halle unter dem Platzgiebel nicht nachweisbar. Alle Stockwerke sind mittig längsgeteilt. Damit war die Aufnahme der querlaufenden Holzdeckenbalkenlasten gesichert, die Querwände veränderbar. Ihre ursprüngliche Stellung ist an den Bundständern erkennbar. Heute enthält der untere Fachwerkstock den Treppenflur zum Oberstock und Räume für Brennstoffe und die Feuerwehr. Die alten Eingänge sind zugemauert, die neue Eingangstür und die Toreinfahrten wurden später geschaffen. Der Fachwerkoberstock enthält Räume der Verwaltung. Am Platzgiebel lag über die ganze Hausbreite der Ratssaal, dessen Mittelstütze unter dem Unterzug aus der später eingesetzten Wand hervorsteht. Im unteren Dachstock Speicher- und Aktenräume. In beiden Dachstöcken liegender Stuhl mit Spannriegel unter den unteren und oberen Bundkehlbalken. Darüber das Gerüst des offenen Dachreiters mit Glocke. Die Dachhölzer sind miteinander verzapft.

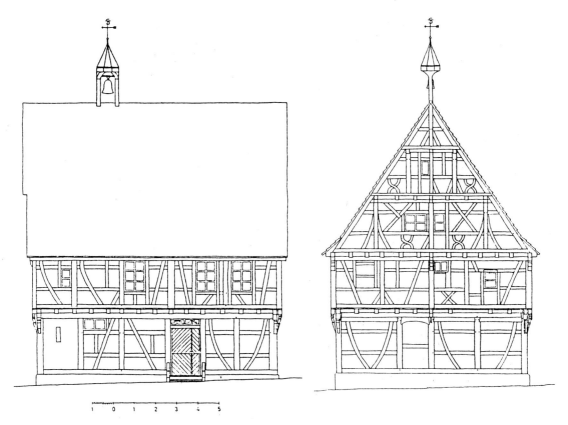

Abb. 367 Stetten Altes Rathaus   Abb. 368 rückwärtiger Giebel

Das Außenwandgefüge ist nicht einheitlich. Die Giebeldreiecke lassen erkennen, daß ihr Fachwerk nicht ursprünglich ist, sondern später erneuert wurde. Im unteren Fachwerkoberstock lange Streben, weiter Ständerabstand und der spätmittelalterliche „Eselsrükken" über dem zugemauerten Eingang. Lange Knaggen unter den Rähmen und Gratstichbalken an den Eckständern und z. T. verdoppelte Rähme. Der allseits überkragende Fachwerkoberstock wurde verändert, vor allem die Fenster vergrößert. Die Eck- und Bundständer stehen auf dem sichtbaren Fußboden. Lange Streben übernehmen auch hier die Wandaussteifung. Vergleiche mit anderen Häusern weisen die beiden schmucklosen Fachwerkstöcke in das erste Viertel des 16. Jahrhunderts als Erbauungszeit.

Anders ist die Gliederung des Platzgiebeldreiecks. Geschweifte Andreaskreuze in Reihen füllen die Brüstungsfelder. Im unteren Dachstock der Fränkische Mann mit Kopfknagge und Andreaskreuze zwischen Brustriegel und Rähm. Die Dachbalkenlage und beide Kehlbalkenlagen kragen jeweils vor. Profilierte Bohlen sind den Balkenköpfen und dem Giebelsparren bis zur oberen Kehlbalkenlage vorgesetzt. Dadurch werden die Dachstöcke rahmenartig hervorgehoben. Ähnlichkeiten mit dem Rathaus in Bauerbach lassen die Erneuerung des Dachwerks in der Zeit um 1600 annehmen.

Abb. 369

Sulzfeld
6 km südwestlich Eppingen
Haus Hauptstraße 35
Abb. 369

Seit Jahrhunderten überragt das repräsentative Gebäude mit seinem großen Giebel die Nachbarhäuser an der Hauptstraße. Die Fenster im hohen Erdgeschoß und die freiliegenden Kellerfenster haben Sandsteingewände mit Segmentbögen. Über dem Erdgeschoß stehen ein mächtiger Fachwerkstock und zwei Dachstöcke mit Krüppelwalm. Die eng gestellten Gewändehölzer der Fenster lassen kaum Raum für Verstrebungen. In unserem Raum seltene Zierformen bilden die geschwungenen Fußstreben in den Dachstöcken. Zwischen den vorstehenden Balken und der Schwelle des unteren Dachstocks ist die Fußbodendielung sichtbar. Die Eckständer des Fachwerkoberstocks stehen scheinbar auf den Balken, die Schwellen zapfen seitlich ein. Doch auch auf dieser, der untersten, eingemauerten Balkenlage sind Reste der Dielung noch zu erkennen. Mit Hilfe einer dendrochronologischen Untersuchung konnte das Jahr 1525 als Erbauungsjahr festgestellt werden.

Das Erdgeschoß mit barocken Tür- und Fenstergewänden stammt aus der ersten Hälfte des 18. Jahrhunderts. Demnach waren ursprünglich auch hier die Außenwände Fachwerkwände, die in der Barockzeit durch die heutigen 60 cm dicken Sandsteinwände ersetzt wurden. Es wird angenommen, daß das große Gebäude von den Freiherrn Göler von Ravensburg errichtet wurde. Es ist seit vielen Jahren Privatbesitz und wird als Wohnhaus genutzt.

Abb. 370 Abb. 371

Sulzfeld – Haus Kronenstraße 2 – Ecke Hauptstraße
Abb. 370/371

Der an der rechten Traufseite Christmann-Straße weit vorspringende Oberstock des ehemaligen Gasthauses wird von Streben gestützt. Das kräftige Holz der vorderen Strebe schnitzte der Zimmermann mit Fantasie und Humor zu einem hockenden Männle, auch Kackmännle genannt. Mit kleinem Schnurrbart, hervorquellenden Augen und dickem Bauch sitzt und drückt er auf seinem Topf.

Ubstadt
Ortsteil von Ubstadt-Weiher
6 km nordöstlich von Bruchsal

Haus Bruchsaler Straße 1
Abb. 372–374

An einer Biegung der Straße gegenüber der Kirche steht ein Fachwerkhaus von 1688 mit seltenem Schnitzwerk am Straßengiebel. Der Fachwerkoberstock kragt wenig vor, die Balkenköpfe sind sichtbar. Die beiden Dachstöcke stehen fast bündig. Die Fenster des Erd- und Oberstocks wurden stark vergrößert. Ihre ursprüngliche Größe und Lage ist am Oberstock noch zu erkennen. Die Schwellen aller Stockwerke sind profiliert. Im Erdstock K-Strebe, wandhohes Andreaskreuz und ebenfalls wandhoch eines über einer Raute. Im

Abb. 372 Ubstadt Bruchsaler Straße 1

Oberstock und den beiden Dachstöcken der Fränkische Mann, K-Streben und kurze Streben. In den früheren Fensterbrüstungen verschiedenartige Andreaskreuze.

Die Eck- und Bundständer und die an sie angelehnten Kopfwinkelhölzer zeigen zierliches barockes Rankenwerk. Am hohen Sockel der Eckständer im Medaillon ein Arm mit Stock, darüber eine Krone. Über dem Sockel gedrehte Dreiviertelsäule mit Basis und schönem Kapitell. Im Wandrähm über dem Mittelständer die Jahreszahl 1688.

Abb. 373 Ubstadt

Abb. 374 Bruchsaler Straße 1

Abb. 375 Ubstadt Weiherer Straße 26

Ubstadt – Weiherer Straße 26
Abb. 375

Das Gasthaus Ritter ziert ein weit ausladendes, sehr kunstvoll geschmiedetes Wirtshausschild. Den schwungvollen Ausleger füllen Rocailleformen, aus denen Blütenkelche, Blatt- und Rankenwerk herausquellen. Inmitten des Auslegers golden hervorgehoben eine Kartusche mit Palmwedel. Unten ist noch ein achtzackiger Stern mit goldenem Becher angehängt, wohl das Zeichen für Braugerechtigkeit.

Am äußeren Ende mit goldenem Flammenbündel hängt das dunkel getönte große Wirtshausschild. In ihm ist goldglänzend der hl. Georg dargestellt, der mit seiner Lanze in den Rachen des schwarzen Drachens stößt. Unten angehängt noch ein Schriftband: Arno Wiest.

Eine wertvolle Kunstschmiedearbeit aus der Zeit des Rokoko um die Mitte des 18. Jahrhunderts.

Untergrombach
südlicher Stadtteil von Bruchsal
Obergrombacher Straße 32
Abb. 376 – 384

Altertümlich und fremdartig anmutend steht auf der Nordseite der Straße das im Kraichgau bisher älteste bekannte, gut erhaltene zweigeschossige Firstsäulenständerhaus. Der ursprünglich rechteckige Grundriß war einmal mittig längs und zweimal quer in drei unterschiedlich breite Zonen geteilt (Abb. 379). In der vorderen Zone waren in beiden Geschossen die Wohn- und Arbeitsräume, in der hinteren schmaleren Zone Kammern und Lagerräume. Dazwischen der durch beide Geschosse durchgehende Ern, der Lebensraum der Bewohner mit seiner Feuerstelle als dem einzigen beheizten Raum des Hauses und mit der steilen Treppe ins Obergeschoß. Es war ein Rauchhaus, d. h. der Rauch des Holzfeuers stieg abgekühlt langsam durch beide Geschosse in den Dachraum und gelangte durch kleine Öffnungen im Strohdach ins Freie. Das Holz des mittleren Teils und des Dachraumes ist schwärzlich und steinhart geräuchert, auch die Putzflächen der Gefache sind schwärzlich und rußig.

Im 16. Jahrhundert zog dann der Rauch durch einen großflächigen Kamin aus Holz durch das Dach mit inzwischen harter Deckung (Dachziegel). Der mittlere Hausteil wurde nunmehr unterteilt in den vorderen Flur mit Treppe ins Obergeschoß und in den hinteren Teil als Küche mit großem Rauchfang über dem Herd. Durch Einfügen einer Balkenlage erhielt das Obergeschoß hier weiteren Raum. Erst in späterer Zeit wurde ein gemauerter Kamin mit kleinem Querschnitt eingebaut. Alle Altersstufen, vom Rauchhaus bis heute, sind im mittleren Küchenteil, an einer Obergeschoßwand und im Dachgeschoß noch erkennbar. Der Trocken- und Imprägnierwirkung des Rauches verdanken wir die Erhaltung des mittelalterlichen Hauses.

Das Gebäude hat im Laufe der Jahrhunderte mehrere Veränderungen erfahren. Die dendrochronologische Untersuchung 1975 durch die Universität Stuttgart-Hohenheim brachte vielseitige Ergebnisse. (Dendrochronologie ist die Auswertung der unterschiedlichen Jahresringe zur Altersbestimmung von Hölzern). Als Bauholz wurde nicht, wie damals üblich, Eiche, sondern die wenig hierfür geeignete Buche verwendet. Einige Sparren sind aus Pappelholz. Die ältesten Hölzer im Südteil stammen aus dem Jahre 1428. Danach wäre das

Haus 1428 erbaut. Aber schon nach wenigen Jahrzehnten, wie die dendrochronologischen Untersuchungen ergaben, wurde das Haus um 1490 wahrscheinlich wegen Zerstörung zahlreicher Hölzer (Buche!) bis auf vordere Teile abgetragen und wieder aufgebaut, die wenigen noch brauchbaren Hölzer von 1428 in der alten Konstruktion und Form blieben erhalten. Um die Mitte des 18. Jahrhunderts erfolgte der Abbruch des hinteren Hausteils, wahrscheinlich wegen Baufälligkeit. Die Lage der Hölzer im heutigen rückwärtigen Giebel gibt den Hinweis auf das ursprüngliche Vorhandensein des hinteren Teils. An seiner Stelle entstand ein größerer Fachwerkbau mit Stall und Scheune. Bei diesen Arbeiten sind die Fundamente des alten Teils beseitigt worden. Zu dieser Zeit wurde auch der kleine abgewalmte Anbau an der Ostseite entlang der Straße errichtet. Beide späteren Anbauten sind hier nicht berücksichtigt. Der Eingang an der Westtraufseite ist nicht ursprünglich.

Nach einfühlsam durchgeführten Instandsetzungsarbeiten, bei denen u. a. auch die ursprünglichen kleinen Fensteröffnungen wieder hergestellt wurden, konnte 1988 in dem Hause ein Heimatmuseum eröffnet werden, wobei das Firstsäulenständerhaus den Hauptbestandteil des Fachwerkmuseums bildet.

Über dem hochliegenden Kellergeschoß steht der zweigeschossige Firstsäulenständerbau. Dem Giebel der Straßenseite ist eine Laube vorgesetzt. Das Hauptgerüst des Ständerbaues besteht aus neun kräftigen Ständern. Sie sind in drei Reihen aufgestellt. Die drei Mittelständer, etwa 9,20 m lang, gehen von den Schwellen bis zum First durch und tragen die Firstpfette. Die Innenwände gehen vom Mittelständer zu den Außenwänden und teilen die Fläche in vier Räume. Die Aussteifung des Außenwandgefüges übernehmen im Giebel lange, bis ins zweite Geschoß durchgehende Fußstreben, die in die Schwellen eingezapft und am oberen Ende in die Ständer eingeblattet sind. Kleine Kopfbänder verbinden den Giebeldachbalken mit den Eckständern. Die Wände der Traufseite werden von langen geraden Streben gesichert. Den oberen Abschluß dieses ungegliederten Großraumes, des „Urhauses", bilden die parallel zum Giebel liegenden Deckenbalken. In diesen großen Hohlraum ist zur Bildung von zwei Geschossen (Wohnebenen) eine Holzbalkendecke in primitiver Weise eingefügt. Die Balkenenden ruhen in der Giebelwand auf den Sturzriegeln der Fensteröffnungen und in der Haustiefe auf einem hierfür eingestellten Bock. Der Pfettendachstuhl ist einfach und klar konstruiert. Ein einziger Binder auf der inneren Querwand stützt die beiden Mittelpfetten und die stärkere Firstpfette. Die Aussteifung erfolgt durch einen Spannriegel. Alle Hölzer sind noch miteinander verblattet. Die Längsaussteifung des Dachstuhls übernehmen lange gebogene Kopfstreben, deren versetzte Einblattung am unteren Ende noch mit zwei Holznägeln, einem mittigen und einem schrägen Fugennagel gesichert ist. Die Sparren sind am unteren Ende in die kräftige Schwelle eingezapft, die auf dem Rähm der Traufwand aufliegt. Die Balken ruhen auf dem Rähm und sind durch die Schwelle geblattet. Am First lehnen die Sparren gegen die abgeschrägte Firstpfette und sind miteinander verblattet. Sie sind auch auf die Mittelpfette noch nicht aufgeklaut, sondern werden nur ausgesteift. Die lichten Raumhöhen von 1,90 bis 2,20 m und die kleinen Fenster der engen, unbeheizten Räume vermitteln einen Einblick in das Leben und Wohnen der mittelalterlichen Menschen vor etwa zwanzig Generationen.

Die Abb. 380 und 384 zeigen das hohe technische und handwerkliche Können der damaligen Zimmerleute.

Dieses Fachwerkhaus als das bisher bekannte älteste erhaltene zweigeschossige Firstsäulenständerhaus im Kraichgau verkörpert einen Haustyp, der entwicklungsgeschichtlich ins hohe Mittelalter noch einzuordnen ist. Hierin liegt der einmalige Wert dieses kleinen Fachwerkhauses, der die hohen Erhaltungskosten für die Nachwelt rechtfertigt.

Abb. 376 Untergrombach Obergrombacher Straße 32

Abb. 377 Untergrombach Obergrombacher Straße 32

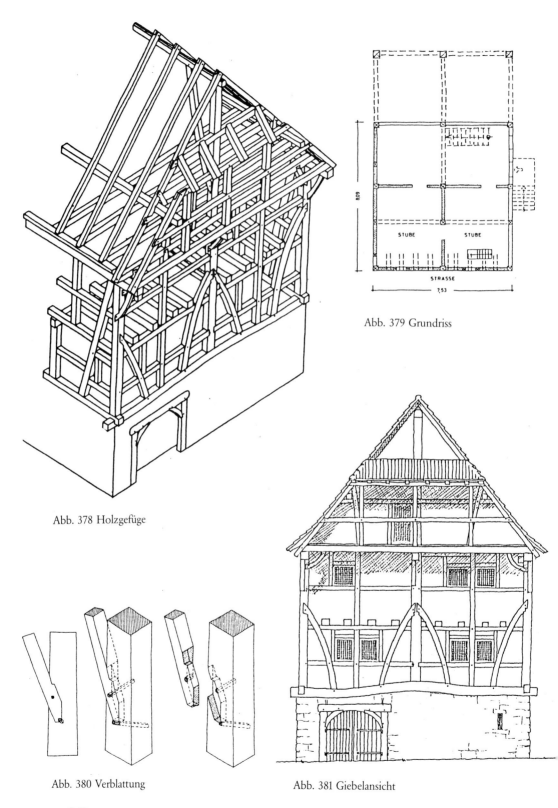

Abb. 378 Holzgefüge

Abb. 379 Grundriss

Abb. 380 Verblattung

Abb. 381 Giebelansicht

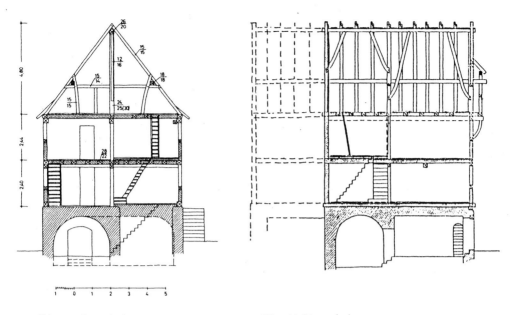

Abb. 382 Querschnitt Abb. 383 Längsschnitt

Untergrombach Obergrombacher Straße 32

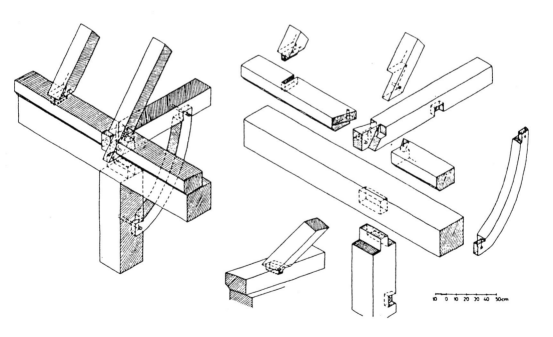

Abb. 384 Verbindung von Wandrähm, Schwelle, Bundbalken und Sparren

Abb. 385 Lange Straße 22/26   Abb. 386 Lange Straße Ecke Lammgasse

Waibstadt
6 km nordöstlich Sinsheim
Haus Lange Straße 22/26
Abb. 385

Es liegt im Wesen des Stockwerkbaues, daß die auf den Rähmen aufgekämmten Balken, vor allem am Giebel die Stichbalken, überstehen und somit die aufgesetzten Stockwerke vorkragen. Erst im 18. Jahrhundert wird der Überstand geringer, bis er schließlich ganz verschwindet. Ein sehr frühes Beispiel mit bündig stehenden Giebelstöcken ist dieses Haus in Waibstadt „Schlößle" genannt. Über z. T. massivem Erdgeschoß mit ursprünglich ebenfalls Fachwerkaußenwänden ein Fachwerkoberstock und drei Dachstöcke. Über dem Hahnenbalken kleiner Krüppelwalm. Auf den Giebelbalken des Fachwerkoberstocks liegt bündig die Schwelle. Auf dem Rähm ebenfalls bündig der Giebeldachbalken, der zugleich Schwelle des unteren Dachstocks ist. Durch das Fehlen der Stichbalken wird die Aussteifung des Giebels in der Ebene der Balkenlage erheblich gemindert, die Zimmermannsarbeit aber vereinfacht. Die Verstrebungsfiguren des schmucklosen Giebels sind der Fränkische Mann, freilaufende wandhohe Streben und Andreaskreuze unter und über den Brustriegeln. Die Eck- und der Bundständer des Fachwerkoberstocks stehen nicht auf der Schwelle, sondern noch zwischen ihr auf den Giebelbalken. Daher und nach dem Strebenwerk ist das sanierungsbedürftige Haus der zweiten Hälfte des 16. Jahrhunderts zuzuordnen.

Waibstadt – Lange Straße Ecke Lammgasse
Abb. 386

Der gut wieder hergestellte Fachwerkgiebel dieses Hauses zeigt starke oberdeutsche Bildungen: Die Eck- und Bundständer stehen auf den Balken, die Schwellen zapfen seitlich ein. Dazwischen kein sichtbarer Fußboden mehr. In allen Stockwerken gehen die Brust- und Sturzriegel über die ganze Breite durch. Außer den Eck- und Bundständern stehen Zwischenständer in weitem Abstand, an die sich die kleinen Fensteröffnungen anlehnen. Ihre seitlichen Gewändehölzer beginnen am Brustriegel und gehen oben bis zum Wandrähm. Von den drei Dachstöcken stehen der untere weit, die oberen gering vor. Die Verstrebungsformen sind der Fränkische Mann, unter den kleinen Fenstern kurze Fußstreben, im mittleren Dachstock lange Streben. Das Außenwandgefüge mit den oberdeutschen Einflüssen läßt als Erbauungszeit die Mitte des 16. Jahrhunderts annehmen.

Waibstadt – Alte Sinsheimer Straße 1
Abb. 387/388

Bergaufwärts hinter der Kirche ist an der linken Straßenseite dieses barocke Haus schon von der Hauptstraße zu sehen. Die Fachwerkaußenwände sind vom Eigentümer in den letzten Jahren vorbildlich restauriert worden.

Über dem zwischenzeitlich massiv erneuerten Erdgeschoß stehen der Fachwerkoberstock und zwei Dachstöcke. Die Schwellen der Stockwerke sind profiliert. Lange Streben, ein wandhohes Andreaskreuz, kleine Andreaskreuze in den Brüstungen, der Fränkische Mann

Abb. 387   Abb. 388

und kurze geschweifte Streben mit Nasen sind die Verstrebungsformen im Außenwandgefüge. Das Giebeldreieck hat wieder die ursprüngliche Gliederung. Beidseits des Eckständers sind an der Giebel- und Traufseite abgebeilte Fenstererker zu erkennen.

Am Bundständer des Giebels in vierblattförmiger Umrahmung: 1688 · A T. Darunter geschwungenes Fünfblatt mit den Buchstaben A T.

Eine barocke Kostbarkeit besonderer Art blieb am Eckständer erhalten und wurde in leuchtenden Farben wieder erneuert. Im tief ausgekehlten Eckständer steht unter dem Baldachin, gerahmt von einem lebhaft geschwungenen Mantel, eine lächelnde Madonna mit Strahlenkranz auf der Mondsichel. Pausbackige Engelsköpfe mit Flügeln schauen beidseits hervor. Die Füße der Madonna ruhen auf einem Polster, der rechte tritt auf den Kopf der Schlange, die den Apfel faßt. Eine schwungvolle Konsole stützt diese heitere, eindrucksvolle Figurengruppe.

Weiler
südlicher Stadtteil von Sinsheim

Haus Kaiserstraße 55
Abb. 389 u. 391

Mit dem Straßengiebel weithin sichtbar steht aus dem Jahre 1621 der zweistöckige Fachwerkbau, dessen Unterstock im vorigen Jahrhundert massiv erneuert und vor einigen Jahren nochmals umgebaut wurde. Wie im Oberstock noch feststellbar, war das Haus in drei Querstreifen unterteilt. Im schmaleren mittleren die Treppe und die Küche. Nach dem sichtbaren mittleren Unterzug war das Haus mittig längs geteilt. Liegender Kehlbalkendach-

Abb. 389 Kaiserstraße 55

Abb. 390 Steinstraße 12

stuhl mit großen Andreaskreuzen zur Längsaussteifung. Die Traufseite ist einfach konstruiert. Letztmals nachweisbar stehen die Eck- und Bundständer noch in alter oberdeutscher Art auf den Balken. Die Fußbodendielung ist außen nicht mehr sichtbar. Die Schauseite, der Straßengiebel, wurde sehr eindrucksvoll gestaltet. Im Oberstock, erstmals mittig, ein prächtiger, um Holzdicke vorspringender Fenstererker mit den Renaissanceformen des Steinbaues. Volutenförmige Konsolen stützen die vorstehenden Fenstergewände. In den Erkerbrüstungen geschweifte, mit Nasen besetzte Andreaskreuze mit ausgeputzten Augen. Am mittleren der breiten Fensterzwischenstiele die Jahreszahl 1621. Gegen seine Innenseite stieß die mittige Längswand. An den Eckständern der halbe Fränkische Mann, zwischen Brust- und Sturzriegel noch kurze geschweifte Strebe. Über dem Giebelkehlbalken, gestützt von ballusterförmigem Stiel, die Dachluke. Der großartige Eindruck wird mit den konstruktiv notwendigen Hölzern erreicht. Es ist das letzte erhaltene Haus der Renaissance vor dem Dreißigjährigen Kriege.

Abb. 391 Weiler Kaiserstraße 55

Weiler – Haus Steinstraße 12
Abb. 390 u. 392

Auch bei diesem Bauernhaus war das massive Erdgeschoß ursprünglich Fachwerk, wie heute noch, gut restauriert, der Oberstock und die drei Giebelstöcke. Zwischen dem wenig veränderten Außenwandgefüge mit einfachen Verstrebungen strahlend weiße Gefache.

Eine Kostbarkeit bilden die beiden Brüstungsverzierungen, vor allem der Fränkische Fenstererker links im Oberstock. Die Fenster wurden verändert. Kräftig profiliert sind die unteren Endungen an den seitlichen Gewändehölzern. Statt einer zweiten Konsole ziert feines schlingenförmiges Ornament das bündige Holz. In den Brüstungsfeldern werden von kräftigen Hölzern in Dreiecksform weiße Putzflächen, die negativen Rauten gebildet, auch hier mit Wulsten und Kehlen gerahmt. Der mit dem Erker vorstehende Brustriegel ist an der Unterseite stark ausgekehlt. Eine überstehende zierliche Verdachung schließt oben den Erker. Das Ganze ein wunderbares Spiel mit Licht und Schatten. Am linken Eckständer die Jahreszahl 1607.

Abb. 392 Weiler Steinstraße 12

Abb. 393

Weiler – Haus Kaiserstraße 65
Abb. 393

Von der Straße zurückgesetzt steht ein weiteres gut erhaltenes großes Fachwerkhaus in Weiler. Auch hier wurde das Erdgeschoß nach Baufälligkeit massiv erneuert. Darauf sitzen der Oberstock und zwei Dachstöcke mit Krüppelwalm. Das Giebeldreieck steht über, die Balkenköpfe bleiben sichtbar. Wirkungsvoll verteilt sind wandhohe und kurze Streben, große und kleine Andreaskreuze. An der linken Ecke, kaum noch erkennbar, Rest von zwei Fenstererkern. Nach der Formensprache dürfte auch dieses Haus in der ersten Hälfte des 17. Jahrhunderts erbaut worden sein.

Abb. 394

Weingarten
7 km nordöstlich Karlsruhe-Durlach

Haus Marktplatz 7
Abb. 394/395

Das Walk'sches Haus genannte Fachwerkhaus ist auf dem Untergeschoß des Vorgängerbaues von 1701 in den Jahren 1981–1983 errichtet worden.

Das Haus von 1701 stand mit dem Westgiebel zum Marktplatz und mit der Südtraufseite am Walzbach. Über dem Eingang am Giebel eine Kartusche mit: F · R · 1701 ·. Über dem massiven Untergeschoß standen zwei allseits vorkragende Oberstöcke, über dem unteren

Abb. 395 Weingarten Marktplatz 7

Dachstock noch ein Krüppelwalm. Am rückwärtigen Ostgiebel ist noch ein Abort-Erkerchen mit Zwiebelhaube angebaut. Ohne die notwendige Pflege verfiel das zwischenzeitlich mehrfach veränderte Fachwerkhaus zusehends, sollte abgebrochen und durch einen Neubau ersetzt werden.

Ein Weingartener Bürger hat das gesamte Haus saniert und dabei auch Fachwerkaußenwandgefüge in alter Form und Größe wieder errichtet. Die zahlreich noch erkennbaren Details und Zierformen wurden dabei übernommen, Fenstererker und fehlende Bildungen nachempfunden. Es entstand ein aufwendiges prächtiges Gebäude. Gut eingefügt die Fenstererker, der Fränkische Mann und die wandhohen Andreaskreuze mit Rauten. In den Brüstungen geschweifte Andreaskreuze mit Nasen und Rauten. Die Schwellen der Stockwerke sind kräftig profiliert, die Balkenköpfe sichtbar.

Ein mächtiges, nachempfundenes neues Wirtshausschild ragt vom rechten Eckständer in den Marktplatz. Im Ausleger über einem Füllhorn: Gaststuben. Im Hänger unten: WALKSCHES HAUS. Am rechten unteren Eckständer die Inschrift: Dies Haus, der Nachwelt fast verloren, wurde durch Meisterhand wiedergeboren. Renov. 1981 – 83. Darunter noch im Kreis Handwerkszeichen. Am linken unteren Eckständer, vom Vorgängerbau übernommen, in sechs Zeilen: HANSJERGS SCHNEIDER BIN ICH GEBOHRENBIN ZIMMERMAN AVSERKOREN. Das gesamte Fachwerk ist farblich kräftig gut abgestimmt.

Dem Restaurant und Hotel Walk'sches Haus sind rückwärts, am Bach entlang, weitere notwendige umfangreiche Räume in großen Gebäuden architektonisch zurückhaltend angebaut. Sie lassen trotz ihrer Größe das vordere Fachwerkhaus voll zur Geltung kommen. Insgesamt ein gutes Beispiel für die Lösung ähnlicher Aufgaben.

Abb. 396 Salzgasse 2　　　　　　　　　　Abb. 397 Badgasse 8

Bad Wimpfen

am Neckar liegt an der Grenze des Kraichgaus. Diese seit der Stauferzeit bedeutende Stadt birgt in ihrem alten Stadtgebiet vor allem Baudenkmale aus dem Mittelalter. Sehenswert sind zahlreiche wertvolle Fachwerkhäuser aus dem Mittelalter, der Renaissance und dem Barock. Der Stadtkern ist ein Fachwerk-Freilichtmuseum. Aus der Vielzahl der Gebäude können nur wenige vorgestellt werden.

Haus Salzgasse 2
Abb. 396

Weit fällt der Blick durch die Salzgasse bis hin zum Blauen Turm. Links die Weinstube FEYERABEND mit einem dem Barock nachempfundenen Wirtshausschild mit Weinhumpen und Brezel. Rechts das Haus Salzgasse 2. Das Außenwandgefüge dieses schmalen hohen Fachwerkhauses mit Erd-, erstem und zweitem Oberstock und zwei Dachstöcken wurde mehrfach verändert, sein malerischer Ausdruck ist geblieben. Die Fenster sind vergrößert. Auch die Schaufensterform ist aus späterer Zeit. Alle Stockwerke stehen jeweils über. Die Balkenköpfe sind sichtbar. Die Eckständer scheinen erhalten, ihre Kopfknaggen in der ursprünglichen Form erneuert. Am linken Eckständer des Oberstocks die Jahreszahl 1528.

Bad Wimpfen – Badgasse 8
Abb. 397

Zwischen zwei engen Gassen steht dieser schmale sehr lange Bau mit schönem massiven Erdgeschoß. Darauf zwei jeweils überstehende Fachwerkstöcke und das kleine Giebeldreieck mit Zierformen der Renaissance um 1600.

In den beiden Stockwerken mit maßstäblich gut vergrößerten Fenstern sind Reste von abgebeilten Fenstererkern zu erkennen. An die auf den Balken stehenden Eckständer ist der halbe Fränkische Mann angelehnt, unter den Brüstungen geschweifte Andreaskreuze. Am vorgezogenen Giebeldachbalken ziert ein Zahnschnitt die Unterkante. Im Giebeldachbalken neben und über der ehemaligen Speicherluke geschweifte Andreaskreuze, krumme Streben mit Nasen und balusterförmige kurze Stiele mit ausgeputzten tiefen Einbuchtungen und Doppelaugen. Vor den Sparren noch kräftige profilierte Bohlen. Diese klassischen Figuren der Hochrenaissance sind die Formensprache vom Ende des 16. Jahrhunderts.

Abb. 398 Hospital zum Heiligen Geist

Abb. 399 Obere Turmgasse 1

Bad Wimpfen – Hospital zum Heiligen Geist
Abb. 398

Das an der Hauptstraße gelegene große Gebäude begrenzt mit seiner Rückseite an der Langgasse im Winkel mit zwei Fachwerkgebäuden den Hof. Die gut sanierte Gebäudegruppe wird 1990 zur Aufnahme eines Museums wiederum umgebaut.

An der Stellung und dem Abstand der Bundständer voneinander ist die ursprüngliche innere Aufteilung der Spitalräume erkennbar. Oberdeutsche Merkmale sind die kräftigen Überstände der einzelnen Stockwerke, der sichtbare Fußboden, die durchgehenden Brust- und Sturzriegel und die kurzen Fuß- und Kopfstreben. Die seitlichen Fenstergewändestiele gehen bereits über den Sturzriegel hinaus bis oben zum Wandrähm. Trotz der Einblattung der Fuß- und Kopfstreben an beiden Enden dürften die Gebäude erst um 1500 erbaut worden sein.

Bad Wimpfen – Obere Turmgasse 1
Abb. 399

Das zu einer ganzen Gebäudegruppe gehörende Fachwerkhaus aus der Mitte des 17. Jahrhunderts wurde 1717 von dem Bürgermeister Elsesser gekauft und für seine Bedürfnisse umgestaltet. Der fünfeckige weit vorstehende Erker mit welscher Haube und zwiebelartigem unteren Ende, das mit einem Männerkopf abschließt, wurde davorgebaut. Dabei wurden der rechte Fenstererker zerstört und die Fenster z. T. vergrößert. Die einzelnen Fachwerkstöcke stehen bündig übereinander. Zierformen sind der Fränkische Mann und unter dem Dach mit kleiner Abwalmung, Knauf und Kugel, zwei Andreaskreuze.

Unter dem Erker entstand der neue Hauseingang mit barockem Sandsteingewände. Im Gewändesturz die Inschrift: Johan Georg Ellseeser Bürger · Meister · 17 · 17.

Abb. 399a

Bad Wimpfen – Hauptstraße 69
rückwärtiger Giebel
Abb. 399a

Der rückwärtige Giebel des Gasthauses Krone aus der ersten Hälfte des 16. Jahrhunderts ist gut wiederhergestellt worden. Auf dem sichtbaren Fußboden stehen die Eckständer. An die in oberdeutscher Art weit auseinanderstehenden Bund- und Zwischenständer sind steile Andreaskreuze und wandhohe Streben angelehnt. Die Fenster des mittleren Stockes sind behutsam vergrößert, alte Öffnungen daneben erkennbar zugemauert. Sein Aussehen vor der Veränderung ist klar ablesbar am darüber liegend fast unverändert gebliebenen oberen Fachwerkstock. Einzige Zierform am Bundständer des mittleren Stockes, so ursprünglich auch darüber, sind wandhohe Streben, oben angelehnt, die von kurzen Kopfstreben gekreuzt werden.

Abb. 400 Grundstein

Abb. 401

Wössingen
Ortsteil von Walzbachtal
9 km westlich Bretten

Altes Rathaus – Wössinger Straße 15
Abb. 400/401

In einer Kurve ist die Wössinger Straße platzartig erweitert. Dort steht das 1746 erbaute alte Rathaus, etwa 10 x 14 m, das bis 1970 diesem Zweck diente. Dann zog die Verwaltung in ein neues Gebäude. Das lange Zeit leerstehende alte Rathaus sollte anders genutzt oder gar abgerissen werden. Schließlich wurde das Baudenkmal verkauft.

Die neuen Eigentümer sanierten das Haus 1977 vorbildlich von Grund auf. Heute strahlt das Fachwerkgebäude in neuem Glanze. Aus den Räumen der Verwaltung im massiven Erdgeschoß und dem Bürgersaal im Fachwerkoberstock wurde eine geräumige große Wohnung. Das angebaute, erhalten gebliebene Spritzenhaus wurde Garage.

Das Gebäude bezaubert durch die Harmonie aller Bauteile: In Werksteingewänden die unteren Fenster mit Sprossen und grünen Klappläden, die oberen im Fachwerk des Barock zwischen K-Streben, darüber das Walmdach mit dem zierlichen offenen Dachreiter und seiner Glocke von 1743. Im vorderen Walm sehr gut eingefügt die Uhr in steiler Giebelgaube.

Das Rathausglöckchen bleibt nicht stumm. Es wird neues Leben begrüßen. Die Hauseigentümer wollen die Geburt jedes Wössinger Kindes mit seinem Läuten weithin hörbar verkünden.

An der Eingangsseite ist neben der Haustür als Grundstein eine Sandsteintafel eingelassen. Die Inschrift lautet:

Im · Jahr · 1746 · Ist · dieses · Gemein · Schafftliches · Rath · Hauß erbaut worden von der Allhisigen Gemeind · da · Mahlen war Michael · Hahn · Schult Heiß · Urban · Schumacher · Anwald Jacob · Schumacher BVRG · ERMEISTER DES GERICHTS MICHAEL SCHVMACHER · DER GEMEINDE BVRGERMEISTER · GOT · ERHALTE · ES IN · SEINEM · SCHVZ · DAS · ALES NACH SEINEM GOTLICHEN · WILEN VND DER GANZEN BVRGERSCHAFT RECHT VUND GERECHTIGKEIT MÖGE VOLZOGEN WERDEN.

Abb. 402

Zaisersweiher
Östlicher Stadtteil von Maulbronn
Haus Mühlacker Straße 5
Abb. 402

    Dieses Haus ist das älteste unter den Fachwerkhäusern des Ortes. Es ist erhaltenswert und sanierungsbedürftig. Über den Erdstock steht der Oberstock kräftig vor. Zwischen den Balkenenden und der Oberstockschwelle ist der Fußboden sichtbar. Auf ihm stehen die Bund- und Eckständer, deren Konsolen mit schrägen kräftigen Sägeschnitten geziert sind. Der untere Dachstock ist auf den Rähmen vorgezogen, sein Schwelle-Rähmbalken an der Unterseite kräftig ausgekehlt. An der rechten Traufseite steht der Kellerabgang weit heraus und ist mit einem Schleppdach abgedeckt. Im Torbogen die Jahreszahl 1564. Das Haus ist älter. Die Verstrebungsformen sind noch spätmittelalterlich. Die vergrößerten Fenster veränderten das Gefüge des Erd- und Oberstocks. Dabei wurden Fenstererker zerstört. Im Giebel sind beidseits an die Bundständer steile Andreaskreuze angelehnt wie in Eppingen Kettengasse 9, datiert 1488. Der weite Abstand der Ständer, die wandhohen Streben, die kurzen Streben und die breiten Gefache sind noch oberdeutsch. Um 1500 dürfte das Haus errichtet worden sein.

Abb. 403   Abb. 404

Zaisersweiher – Mühlacker-Straße 8
Abb. 403/404

Ein schönes und weithin sichtbares Fachwerkhaus ist das Gasthaus Krone. Es beeindruckt durch die ausgewogenen Formen des Fachwerks im Giebel und an der Traufseite. Die Jahreszahl 1748 im Gewände des Kellerabgangs bestätigt die Fachwerkbaukunst der späten Barockzeit. Über den Erdstock stehen die oberen Fachwerkstöcke nur noch wenig vor. Die Balkenenden im Oberstock bleiben sichtbar, die unter und über ihnen liegenden Wandrähme und Stockschwellen sind profiliert. Gerade Andreaskreuze füllen im Erdstock die Fensterbrüstungen. Sehr eindrucksvoll sind die Brüstungen des Oberstocks gestaltet. Profilierte breite Eckhölzer bilden negative Rauten. Die Fenster darüber sind von kräftigen dem Steinbau nachempfundenen Gewänden gerahmt. Seitlich der Rauten klotzförmige Aufsätze. Im Giebeldreieck mehrfach die K-Strebe, in der Mitte spiegelbildlich als Mann-Form. Am rechten Eckständer eine gedrehte Dreiviertelsäule mit Spiralen am unteren Ende. An diesem Eckständer wurde das Wirtshausschild befestigt, eine gute Schmiedearbeit aus dem Jahre 1938. Der nach oben strebende schwungvolle Ausleger ist von einem Rebstock mit Weintrauben und Blättern bogenreich gefüllt. Dabei noch kleine Rehe und Zunftzeichen der Metzger. Im runden Schilde mit halbkreisförmigen Zierungen sitzt die große bauchige Bügelkrone mit weißen Kugeln.

Abb. 405   Abb. 406

Zaisersweiher – Brettener Straße 20
Abb. 405/406

Unversehrt erhalten geblieben ist dieses vor vielen Jahren bereits gut instandgesetzte Fachwerkhaus mit allen Zierformen seiner Zeit.

Im Erdstock rechts die Durchfahrt zum Hof. Die Straße lag hier ursprünglich höher. Im Oberstock die Stuben und Kammern, in den Dachstöcken Speicherräume. Die auf die Balken gekämmten Schwellen sind leicht profiliert. Sämtliche Fachwerkstöcke kragen nur noch wenig vor. Die Eck- und Bundständer sind breiter als die Zwischenständer. Am Fränkischen Mann fehlen die Kopfwinkelhölzer. Die K-Strebe sichert den Oberstock. Von besonderem Reiz sind die Fränkischen Fenstererker im Oberstock. Derb geformt wurden die seitlichen Gewändehölzer und die überstehende Verdachung, den Zwischenständern um Holzdicke vorgesetzt. Die Brusthölzer sind unten kräftig gekehlt, die stützenden Konsolen tief eingeschnitten. In den Brüstungen gebogene Raute über geradem Andreaskreuz. Unter der Öffnung im oberen Dachstock die negative Raute. An der Gliederung des Außenwandgefüges und den Zierformen ist die Zeit der Erbauung um 1720 bis 1750 ablesbar.

Inzwischen sind die Oberflächen vor allem der waagerechten und profilierten Hölzer stark verwittert. Der Putz der schadhaften Gefache ist auszubessern und zu streichen. Um größere Schäden zu vermeiden, ist die Instandsetzung dringend.

Zeutern
Ortsteil der Gemeinde Ubstadt-Weiher
10 km nordöstlich Bruchsal

Haus Unterdorfstraße 53
Abb. 407

Die Sanierung dieses wertvollen Fachwerkhauses ist 1990 abgeschlossen worden. Das Kellergeschoß ist weit herausgezogen. Am vorstehenden Kellerhals im Gewände der Rundbogenöffnung die Jahreszahl 1556. Auf dem Werksteinmauerwerk stehen zwei Fachwerkstöcke und zwei Dachstöcke mit Krüppelwalm. Über dem vorgezogenen Kellerabgang ist mit gleicher Fläche dem Giebel ein Vorbau angefügt, ebenfalls mit zwei Stöcken und kleinem Dachstock mit Krüppelwalm. An der rechten Traufseite ist in Höhe des Brustriegels vom Oberstock ein langes Wetterdach befestigt. Die Veränderungen des Außenwandgefüges bei der Vergrößerung einiger Fenster sind bei der Sanierung z. T. belassen worden. Die Verstrebungsformen sind der halbe Fränkische Mann, kurze Fußstreben und ein Andreaskreuz. Die Sturzriegel blieben großenteils erhalten. Reste von Fenstererkern beidseits des rechten unteren Eckständers und links im oberen Stock des Vorbaues. Wenige Zierformen künden die Renaissance an. Im Dachstock des Vorbaues zwei Fußstreben, bei denen an den Außenkanten flache Bögen und Augen ausgeputzt sind. Auch die Kopfknaggen, die Kopfwinkelhölzer des Fränkischen Mannes, zieren ausgeputzte Augen.

Die Gemeinde Ubstadt-Weiher hat in Zeutern mit dieser Sanierung beispielhaft für ihre Musik- und Kunstschule ein Heim geschaffen.

Zeutern – Unterdorfstraße 35
Abb. 408/409

Drei Fachwerkhäuser bilden in einer Kurve der Unterdorfstraße eine malerische Gebäudegruppe. Das größere Haus hinten an der Straße mit hohem Keller, einem Fachwerkstock und Dachstock mit Krüppelwalm stammt aus dem 18. Jahrhundert. Das vordere Eckhaus und das rechts anstoßende sind im Fachwerk beim Wiederaufbau z. T. nachempfunden worden. Wandhohe Streben, durchgehende Brust- und Sturzriegel und fast halbkreisförmig gebogene Hölzer in den Fensterbrüstungen bilden das Fachwerk. Die beiden Dachstöcke stehen über, die Balkenköpfe sind sichtbar.

Das schöne Tonnengewölbe im Untergeschoß des Eckgebäudes enthält den Gastraum des Restaurants Weinschlauch. Hoch oben an der Dachgaube ein alter Ausleger, in barocken Formen restauriert, an dessen Ende von Blattwerk kreisförmig umfaßt das Faß, der „Weinschlauch" hängt.

Abb. 407 Unterdorfstraße 53

Abb. 408 Unterdorfstraße 35

Abb. 409 Zeutern Unterdorfstraße 35

Zusammenstellung und Erläuterung der Konstruktionen, Zierformen und Fachausdrücke

Um Konstruktionen und Zierformen im Fachwerkbau zu erläutern, müssen auch Fachausdrücke gebraucht werden, die dem interessierten Leser neu und deshalb noch nicht verständlich sind. In den nachfolgenden Zeichnungen stehen zum besseren Verständnis die im Text verwendeten Fachausdrücke neben den Hölzern.

Die Konstruktion des Daches
Abb. 410–413

Die Fachwerkhäuser haben steile Dächer. Im Mittelalter ein Giebeldach, danach und in der Renaissance vor dem obersten Dachstock auch ein Krüppelwalm. Später statt des Giebels auch ein Walmdach, immer mit beidseits gleicher Neigung, 40° bis 60°. Die Dachdeckung: Anfangs Stroh, später Dachziegel (Biberschwänze). Der entstandene Dachraum, meist in mehrere Dachstöcke unterteilt, wird nicht zum Wohnen, sondern als Speicher, Lager oder Schüttfläche genutzt.

Pfettendach und Kehlbalkendach

Das Pfettendach war im Mittelalter im Fachwerkbau des Kraichgaus üblich. Es wurde bald vom Kehlbalkendach abgelöst, weil die Kehlbalkenlagen die Nutzung jeden Dachstocks als Speicherfläche ohne zusätzliche Hölzer ermöglichte. In unserem 20. Jahrhundert sind Mischformen, für den jeweiligen Zweck entsprechend statisch berechnet, üblich geworden.

Die von den Balken nach oben zum First laufenden Sparren, jeweils paarweise gegenüber, werden beim Pfettendach von waagerechten Hölzern, den Pfetten, gegen Durchbiegung gestützt. Im Abstand von 3.00 m bis 4.50 m unterstützen im Binder beim stehenden Stuhl senkrechte Hölzer, Stuhlsäulen genannt, die Pfetten. Beim liegenden Stuhl „liegen" die Stuhlsäulen etwa parallel zu den Sparren.

Beim Kehlbalkendach werden die Sparren waagerecht von den Kehlbalken, den Balken, die einen Stock im Dachwerk höher liegen, ausgesteift. Die Kehlbalken ruhen auf waagerecht laufenden Hölzern, in der Nähe der Sparrenunterkante, werden statt Pfetten jetzt Rähme genannt. Diese können wie beim Pfettendach durch stehende oder liegende Stuhlsäulen unterstützt sein: Ein stehender oder liegender Kehlbalkendachstuhl. Die Sparren zapfen unten in die Balken, am oberen Ende sind sie durch Scherzapfen miteinander verbunden. Je nach Anzahl der Dachstöcke bilden sie einen einfachen, zweifachen, oder bei hohen Dächern einen dreifachen Stuhl. Lange Kopfstreben, die von den Stuhlsäulen zu den Pfetten oder Rähmen reichen und z. T. sich überkreuzen, sichern das Dach gegen Umkippen in der Längsrichtung.

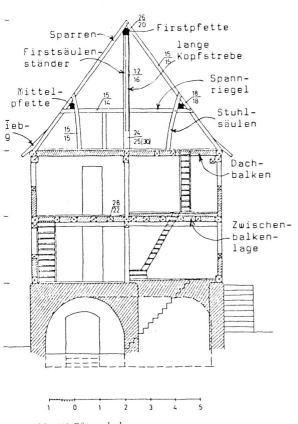

Abb. 410 Pfettendach
stehender Stuhl

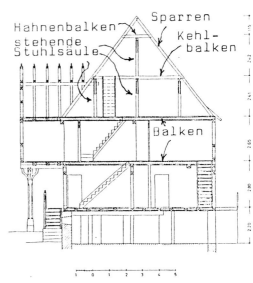

Abb. 411 Kehlbalkendach
stehender Stuhl

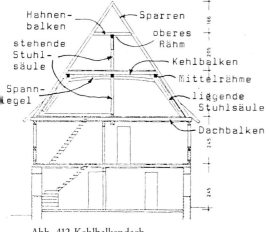

Abb. 412 Kehlbalkendach
liegender Stuhl

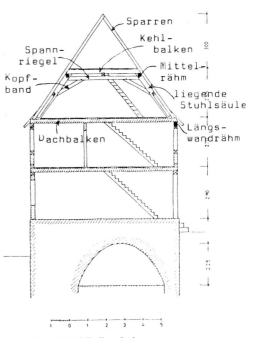

Abb. 413 Kehlbalkendach
liegender Stuhl

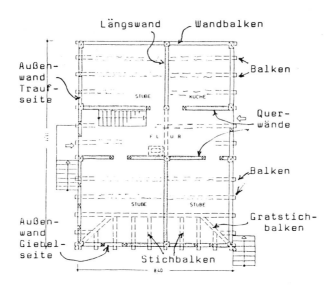

Abb. 414 Balkenlage

Die Balkenlagen
Abb. 414

Bis zum Ende des 19. Jahrhunderts wurden im Wohnungsbau Holzbalkendecken zur Trennung der Stockwerke eingebaut. Auch nach Aufgabe des Fachwerkbaus bleiben sie in den Backsteinhäusern. Erst in unserem Jahrhundert setzen sich Massivdecken durch.

Zwischen den im Abstand von 60 bis 80 cm liegenden Balken geben Lehmwickel, dicht aneinander gedrückt, eine ausreichende Wärme- und Schalldämmung. Im vorigen Jahrhundert verdrängen leichtere, schneller und trocken einzubauende Füllstoffe die schweren Lehmwickel.

Die Lage der Deckenbalken auf den Außenwänden und inneren Trennwänden ist auch beim Stockwerksbau an den Außenwänden erkennbar. Über den rechteckigen Hausgrundriß gehen die Balken den kurzen Weg parallel zur Schmalseite, dem Giebel, von Längsaußenwand zu Längsaußenwand über die Längsmittelwand. Die Balkenenden stehen meist über die darunter liegenden Außenwände über, damit das auf ihnen stehende Stockwerk, nun mit den Balkenköpfen bündig, vorspringen kann. Die Balken sind mit dem obersten waagerechten Holz der Fachwerkaußenwand, dem Wandrähm, verkämmt. Um auch an der Giebelseite die Balkenköpfe überstehen zu lassen, werden Stichbalken und an den Ecken diagonal Gratstichbalken eingefügt. Steht nur eine Seite, der Giebel oder die Traufseite über, entfällt der Gratstichbalken. Die Balkenköpfe bleiben durch die Jahrhunderte sichtbar. In der Renaissance sind sie wiederholt zusammen mit den Schwellen und Wandrähmen mit profilierten Bohlen verkleidet.

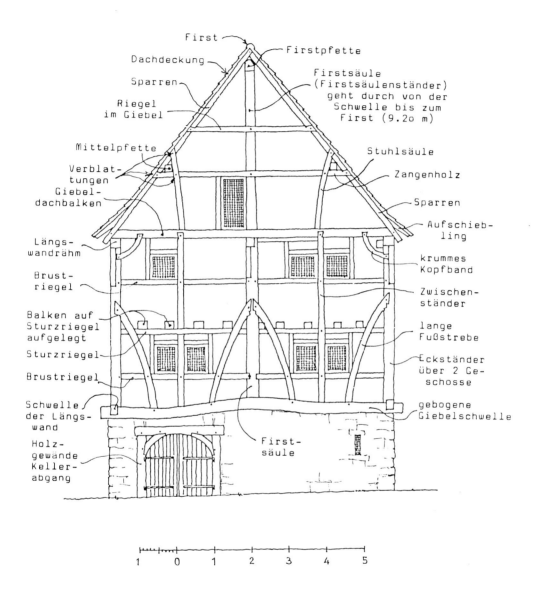

Abb. 415 Mittelalter 1428

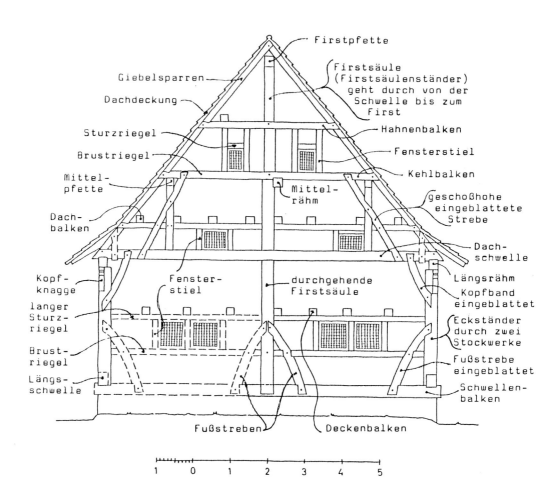

Abb. 416 Mittelalter 1442

Abb. 417 Übergangszeit 1542

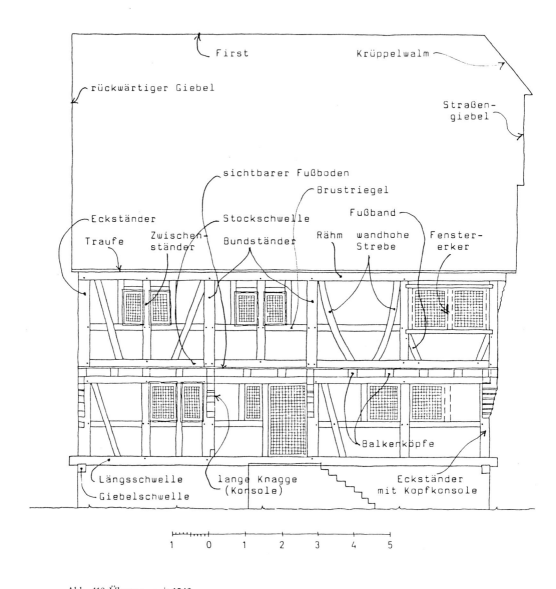

Abb. 418 Übergangszeit 1542

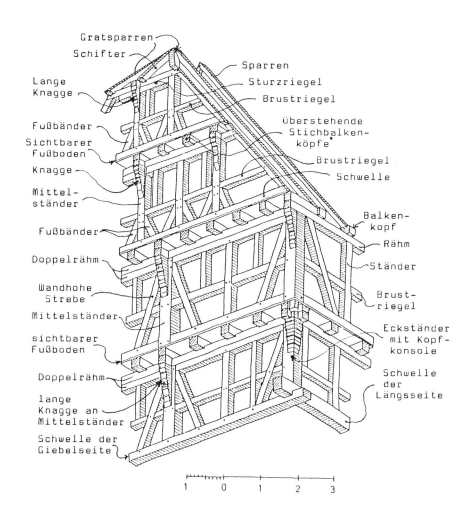

Abb. 419 Übergangszeit 1542

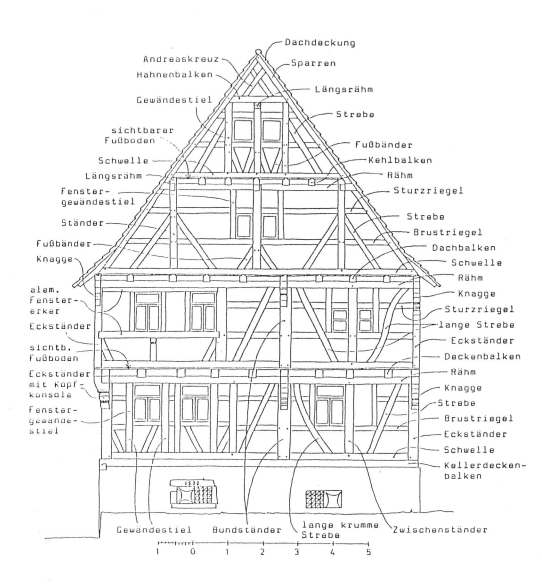

Abb. 420 2. Hälfte 16. Jahrhundert

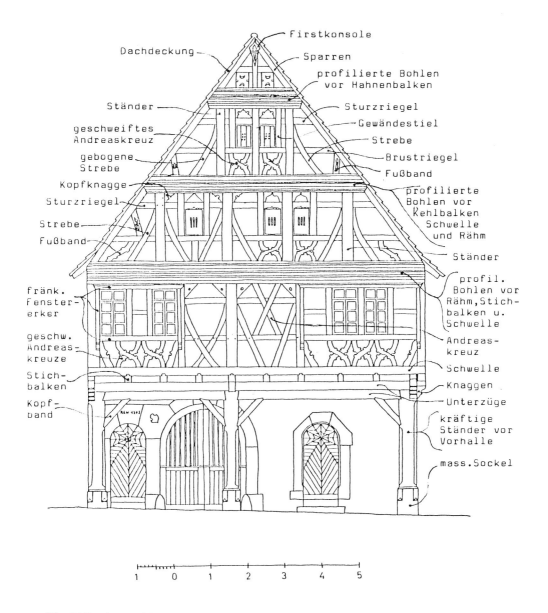

Abb. 421 Renaissance 1585

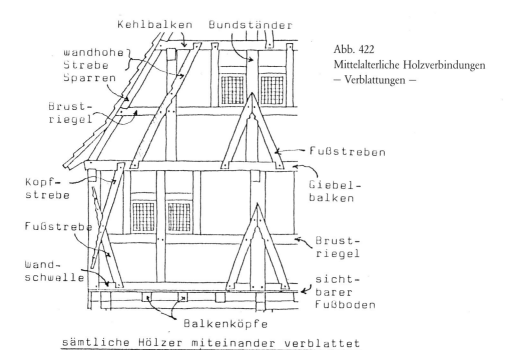

Abb. 422
Mittelalterliche Holzverbindungen
— Verblattungen —

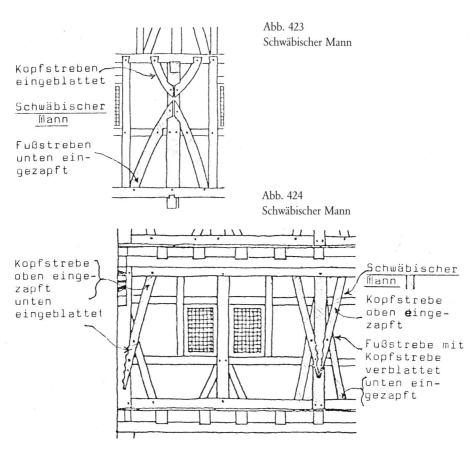

Abb. 423
Schwäbischer Mann

Abb. 424
Schwäbischer Mann

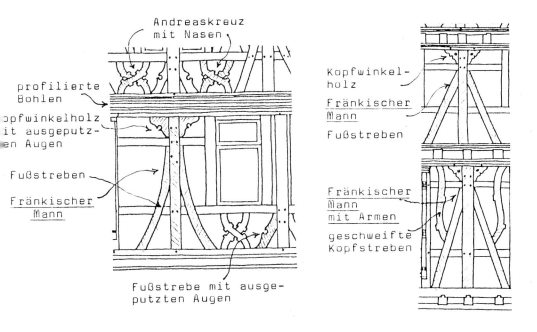

Abb. 425 Fränkischer Mann

Abb. 426 Fränkischer Mann mit Armen

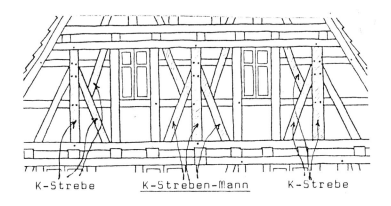

Abb. 427 K-Strebe und K-Streben-Mann

Fachwerkfahrten im Kraichgau

Dieses Buch soll auch ein Führer zu Baudenkmälern sein. Fünf Rundfahrten – Routen – werden vorgeschlagen um sie kennen zu lernen. Der Einstieg in die empfohlene Fahrtstrecke ist von jeder Richtung aus denkbar.

Den Routen ist eine Übersichtskarte mit den empfohlenen Fahrten vorangestellt.

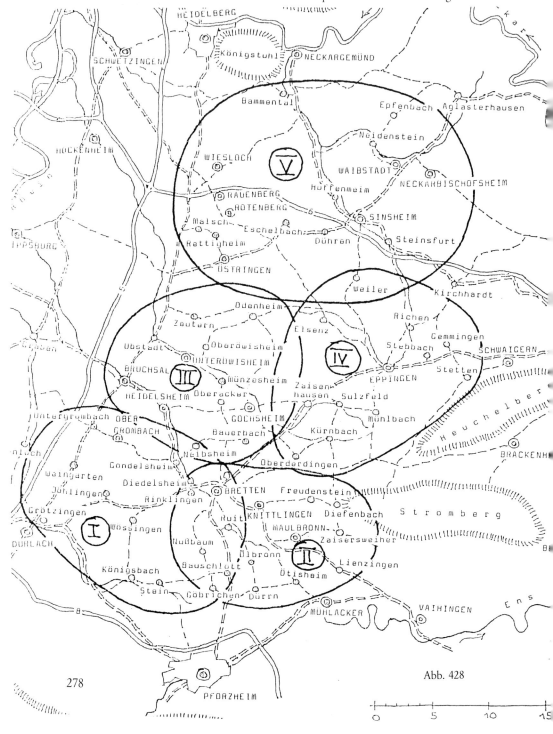

Abb. 428

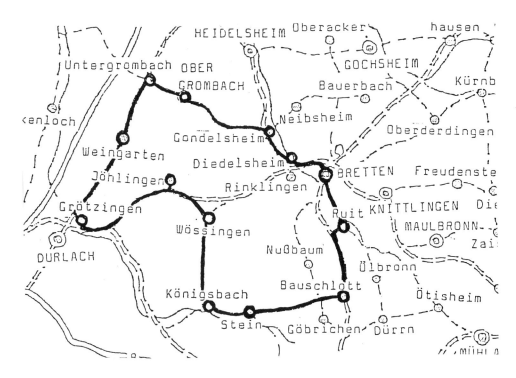

Abb. 429 Route I

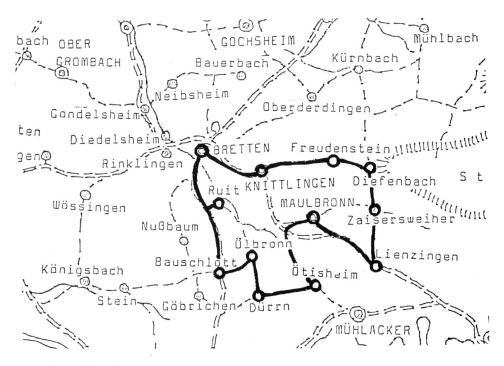

Abb. 430 Route II

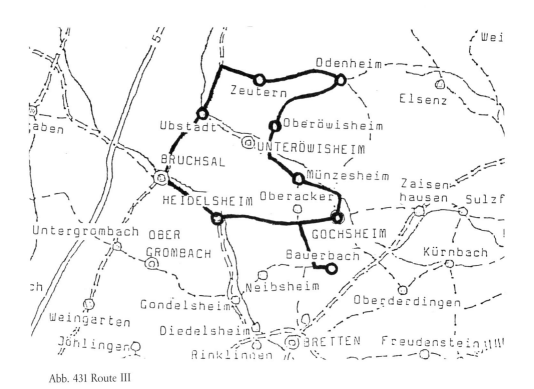

Abb. 431 Route III

Abb. 432 Route IV

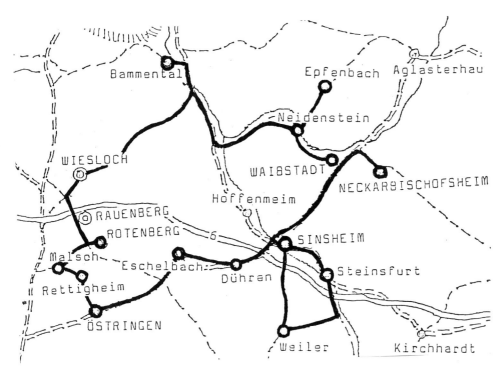

Abb. 433 Route V

Verzeichnis der Häuser

Aglasterhausen
    Mosbacher Straße 3 — 16

Bammental
    Hauptstraße 12 — 22
    Hauptstraße 9 — 23
    Alte Steigstraße 4 — 17

Bauerbach
    Rathaus — 24
    Kreuzstraße 1 — 27

Bauschlott
    Am Anger 28 — 30
    Am Anger 48 — 33
    Am Anger 4 — 35
    Am Anger 15 — 38

Blankenloch
    Hauptstraße 90 — 39

Bretten
    Marktplatz 2/3/4/5 — 40
    Marktplatz — 45
    Melanchthonstraße 3 — 46
    Weißhofer Straße 1-3 — 47
    Weißhofer Straße 12 — 48
    Pfluggasse 8 — 51
    Gerbergasse 10 — 50
    Wilhelmstraße 2 — 61
    Pforzheimer Straße 26 — 51
    Pforzheimer Straße 7 — 52
    Obere Kirchgasse 3/5 — 57
    Schlachthausgasse 2 — 56
    Melanchthonstraße 43 — 57
    Weißhofer Straße 4 — 58
    Friedrichstraße 14 — 60
    Pforzheimer Straße 16 — 60
    Melanchthonstraße 19 — 60
    Melanchthonstraße 32/34/36 — 62

Diedelsheim
    Alte Poststraße 12 — 64

Diefenbach
    Zaisersweiher Straße 6 — 68
    Zaisersweiher Straße 4 — 68
    Freudensteiner Straße 3 — 71
    Brunnengasse 1 — 71
    Sternenfelser Straße 13 — 70

Dühren
    Karlsruher Straße 60 — 73

Dürrn
    Pfarrhaus — 74
    Hauptstraße 55 — 75
    Hauptstraße 87-85-83 — 76
    Hauptstraße 105 — 77

Elsenz
    Sinsheimer Straße 1 — 79

Epfenbach
    Kreisentalstraße 4 — 81
    Neidensteiner Straße 40 — 84
    Dimpfel 3 — 84

Eppingen
    Kirchgasse 13 — 85
    Kirchgasse 22 — 86
    Kirchgasse 31 — 90
    Altstadtstraße 36 — 95
    Altstadtstraße 34 — 96
    Altstadtstraße 32 — 97
    Altstadtstraße 22 — 100
    Fleischgasse 2 — 98
    Altstadtstraße 11 — 101
    Altstadtstraße 5 — 102
    Kettengasse 9 — 104
    Marktplatz 2 — 106
    Brettener Straße 10 — 107
    Brettener Straße 32 — 107
    Leiergasse 9 — 108
    Metzgergasse 7a — 108
    St. Petersgasse 3 — 110
    St. Petersgasse 6-8 — 112

Eschelbach
    Rathaus — 113

Freudenstein
    Rathaus Maulbronner Straße 1 — 114

Gemmingen
    Gemmingensches Rentamt — 115
    Stettener Straße 1 — 116

Göbrichen
    Hauptstraße 52 — 117
    Hauptstraße 37 — 117
    Hauptstraße 38-36-34-30 — 118
    Hauptstraße 10 — 118

Gochsheim
    Renaissanceschloß — 120
    Kirchturm — 120
    Schule — 120
    Vorstadtstraße 42 — 122

Gölshausen
    Eppinger Straße 37 — 124

Gondelsheim
    Bahnhofstraße 37 — 123

Grötzingen
    Rathaus — 124

Heidelsheim
- Marktplatz 9 — 129
- Marktplatz 2 — 130
- Merianstraße 1 — 130
- Merianstraße 27 — 134
- Marktplatz 1 — 131
- Markgrafenstraße 2 — 134
- Wettgasse 4 — 132

Helmsheim
- Kurpfalzstraße 66 — 135

Hoffenheim
- Erkerhaus — 136

Jöhlingen
- Speyerer Hof — 138

Karlsruhe-Durlach
- Marktplatz Ecke Zunftstraße — 140

Kirchhardt
- Hauptstraße 44 — 141

Kleingartach
- Zabergäustraße 10 — 142

Kleinvillars
- Hauptstraße 10 — 143

Knittlingen
- Faustmuseum — 144
- Ende der Marktstraße — 144
- Fauststraße 13 — 146
- Kirchplatz 10 — 146

Königsbach
- Altes Rathaus — 149
- Marktstraße 11 — 149

Kürnbach
- Marktplatz — 151
- Marktplatz Ecke Lammgasse — 152
- Lammgasse — 152
- Löwengasse Ecke Gaisenrain — 154
- Greingasse 37 — 154
- Gaisenrain 58 — 157
- Löwengasse 8 — 154

Lienzingen
- Knittlinger Straße 20 — 159
- Knittlinger Straße 16 — 158
- Knittlinger Straße 12 — 159
- Knittlinger Straße 8 — 160
- Herzenbühlgasse 3 — 164
- Herzenbühlgasse 24 — 163
- Herzenbühlgasse 26 — 165
- Kirchenburggasse 14 — 160
- Kirchenburggasse 20 — 162

Malsch
- Ringstraße 2 — 166
- Hauptstraße 77 — 168
- Hauptstraße 79 — 168

Maulbronn
- Klosterhof 32 — 169
- Klosterhof 29 — 170
- Klosterhof 28 — 171
- Klosterhof 21 — 171

Meckesheim
- Hirschgasse 8 — 172

Mühlbach
- Hauptstraße 60 — 173
- Hauptstraße 48 — 173
- Schalksgasse 4 — 174

Münzesheim
- Unterdorfstraße 37 — 181
- Unterdorfstraße 17 — 176
- Unterdorfstraße 21 — 180
- Unterdorfstraße 3 — 180
- Obere Torstraße 19 — 181

Neckarbischofsheim
- Hauptstraße 30 — 182
- Hauptstraße 28 — 184
- Fünfeckiger Turm — 185

Neckargemünd
- Neckarstraße 40 — 186
- Neckarstraße 36 — 187
- Marktplatz 14 — 188

Neibsheim
- Heidelsheimer Straße 6 — 188
- Talbachstraße Ecke Junkerstraße — 188

Neidenstein
- Burg — 190
- Eschelbronner Straße 2 — 191
- Bergstraße — 191

Nußbaum
- Steiner Straße 11 — 192

Oberacker
- Ringstraße 21-23 — 193

Oberderdingen
- Brettener Straße 39 — 195
- Brettener Straße 36 — 196
- Amtshof 2 Gasthaus Sonne — 200
- Hausgruppe Brettener Straße 27 — 196
- Obere Gasse 15 Ecke Hintere Gasse — 199
- Hintere Gasse 33 — 198
- Hintere Gasse 28 — 198

Obergrombach
- Brunnenstraße 8 — 201
- Brunnenstraße 2 — 202
- Hauptstraße 4 — 202

Oberöwisheim
- Bachstraße 21 — 203

Odenheim
- Amtshaus Freiadliges Ritterstift — 204
- Nibelungenstraße 65 — 205
- Kirchstraße 11 — 205
- Kirchstraße 6/8 — 206

Ölbronn
- Obere Steinbeiss-Straße 32 — 208
- Obere Steinbeiss-Straße 11-13 — 209
- Obere Steinbeiss-Straße 21 bis 31 — 208

Östringen
- Hauptstraße 104 — 210
- Hauptstraße 115 — 211

Ötisheim
- Schönenberger Straße 5 — 212
- Schönenberger Straße 1 — 213

Rettigheim
- Rotenberger Straße 22 — 214
- Malscher Straße 2 — 214

Richen
- Ittlinger Straße 39 — 215
- Hintere Gasse 41 — 216

Rinklingen
- Breitenweg 14 — 216

Rotenberg
- Schloßstraße 16 — 218

Ruit
- Rathaus An der Salzach 3 — 220
- Ölmühle Ölbronner Straße 2 — 220

Schwaigern
- Storchennest Theodor-Heuss-Straße — 222

Sinsheim
- Altes Rathaus Hauptstraße 92 — 224
- Hauptstraße 63 — 224
- Hauptstraße 127 — 224

Stebbach
- Altes Rathaus — 226

Stein
- Neue Brettener Straße 3 — 228
- Neue Brettener Straße 1 — 231
- Neue Brettener Straße 13 — 232
- Altes Rathaus — 233
- Bachgasse 4 — 232

Steinsfurt
- Lerchennest-Straße 8 — 236
- Lerchennest-Straße 18 — 237

Stetten
- Altes Rathaus — 238

Sulzfeld
- Hauptstraße 35 — 240
- Kronenstraße 2 Ecke Hauptstraße — 241

Ubstadt
- Bruchsaler Straße 1 — 241
- Weiherer Straße 26 — 244

Untergrombach
- Obergrombacher Straße 32 — 244

Waibstadt
- Lange Straße 22/26 — 250
- Lange Straße Ecke Lammgasse — 251
- Alte Sinsheimer Straße 1 — 251

Weiler
- Kaiserstraße 55 — 252
- Steinstraße 12 — 253
- Kaiserstraße 65 — 254

Weingarten
- Marktplatz 7 Walksches Haus — 255

Wimpfen (Bad Wimpfen)
- Salzgasse 2 — 257
- Badgasse 8 — 257
- Hospital zum Hein Geist — 258
- Obere Turmgasse 1 — 259
- Hauptstraße 69 — 259

Wössingen
- Altes Rathaus — 260

Zaisersweiher
- Mühlacker Straße 5 — 261
- Mühlacker Straße 8 — 262
- Brettener Straße 20 — 263

Zeutern
- Unterdorfstraße 53 — 264
- Unterdorfstraße 35 — 264

Literatur

Binding-Mainzer-Wiedenau, Kleine Kunstgeschichte des deutschen Fachwerkbaus. Darmstadt 1989.

Gerner, Manfred, Fachwerk. Stuttgart 1989

Großmann, G. Ulrich, Der Fachwerkbau. Köln 1986

Heinitz, Oscar, Das Bürgerhaus zwischen Schwarzwald und Schwäbischer Alb. Tübingen 1970

Huxhold, Erwin, Die älteren Fachwerkbauten im Kraichgau. Diss. Karlsruhe 1954

Huxhold, Erwin, Die Fachwerkhäuser in Bauschlott, in: Heimat Bauschlott. Bauschlott 1971

Huxhold, Erwin, Die älteren Fachwerkhäuser im Kraichgau, in: Kraichgau, Beiträge zur Landschafts- und Heimatforschung Folge 5. Sinsheim 1977

Huxhold, Erwin, Die jüngeren Fachwerkhäuser im Kraichgau, in: Kraichgau, Beiträge zur Landschafts- und Heimatforschung Folge 6. Sinsheim 1979

Huxhold, Erwin, Das Bürgerhaus zwischen Schwarzwald und Odenwald. Tübingen 1980

Huxhold, Erwin, Fachwerkhäuser der Großen Kreisstadt Bretten, in: Brettener Jahrbuch für Kultur und Geschichte. Bretten 1984

Huxhold, Erwin, Die Fachwerkhäuser in Eppingen, in: Eppingen, Rund um den Ottilienberg Band 4. Eppingen 1986

Huxhold, Erwin, Die „Alte Universität" in Eppingen, Sanierung eines Fachwerkgebäudes, in: Kraichgau, Beiträge zur Landschafts- und Heimatforschung Folge 11. Sinsheim 1989

Rohrberg, Erwin, Schöne Fachwerkhäuser in Baden-Württemberg. Stuttgart 1981

Sage, Walter, Deutsche Fachwerkbauten. Königstein/Taunus 1981

Walbe, Heinrich, Das hessisch-fränkische Fachwerk. Gießen 1954

Winter, Heinrich, Das Bürgerhaus zwischen Rhein, Main und Neckar. Tübingen 1961